Contraste insuffisant

NF Z 43-120-14

Y 6462
D+a 8

Yk 325

SHAKESPÉAR.

TOME HUITIEME.

SHAKESPÉAR
TRADUIT
DE L'ANGLOIS,
PAR M. LE TOURNEUR.
DÉDIÉ
AU ROI.

Homo sum : humani nihil à me alienum puto. Tér.

TOME HUITIEME.

A PARIS,
L'AUTEUR, rue de Tournon, hôtel de Valois.
Chez MÉRIGOT Jeune, Libraire, quai des Augustins,
au coin de la rue Pavée, maison neuve.

M. DCC. LXXX.
AVEC APPROBATION ET PRIVILÉGE DU ROI.

PRÉCIS
DES SUJETS
DES PIECES HISTORIQUES.

I.

Sur *la vie & la mort du Roi* Jean.

Richard premier, furnommé *Cœur-de-Lion*, étoit fils d'Henri II & de la Reine Eléonore, qui fut emprifonnée feize ans, & à qui il rendit la liberté avant fon départ pour la Terre-Sainte. Il éloigna fon frere Jean de l'adminiftration des affaires, lui donna, en dédommagement, plufieurs Comtés, & en mariage Avifa, héritière de la maifon de Gloceſter; nomma fon neveu, le jeune Arthur, Duc de Bretagne, pour fon fucceffeur; & partit avec Philippe-Augufte, Roi de France, pour la Terre-Sainte. En fon abfence, Jean fon frere fe fit un parti puiffant, & fe prépara à ufurper la couronne, en cas de mort de Richard, au préjudice de fon neveu Arthur, fils de fon frere aîné Geoffroy. Richard, après la fin de cette Croifade, paffa, dans fon retour, par les états de Léopold,

Marquis d'Autriche, à qui il avoit fait une infulte au fiége d'Acre. Il marchoit déguifé en pélerin ; mais il fut reconnu & arrêté près de Vienne, tournant la broche dans la cuifine d'une auberge. Léopold le vendit à l'Empereur Henri IV, qui le retint quinze mois en prifon. Enfin Richard obtint fa liberté, qu'il paya d'une rançon très-chère, rentra en Angleterre, fe réconcilia avec le Prince Jean, qui en avoit ufurpé une partie, & repaffa en France pour fe venger de Philippe-Augufte(*), qui avoit foutenu les entreprifes de fon frère. C'étoit environ à cette époque que vivoit le fameux Robin-Hood, avec fon affocié Petit-Jean, qui, avec leur bande, infeftèrent la province d'York. On dit que ce Robin-Hood étoit d'une illuftre naiffance, & qu'il fut forcé de recourir à cette indigne reffource par une fuite de fes débauches & de fes diffipations ; qu'il ne maltraitoit perfonne ; qu'il ne voloit que les riches, & qu'il épargnoit les pauvres : fa tête fut mife à prix : il tomba malade au couvent de Berkeley ; & voulant fe faire faigner, il fut trahi & faigné jufqu'à la mort. Un Vicomte de Limoges trouva dans fes terres un tréfor ; Richard le revendiqua comme Seigneur du Limofin, & alla faire le fiége du château de Chalus ; un Archer, nommé Bertrand, lui lança, du haut des murailles, une flèche, qui l'atteignit à l'épaule près la jointure du col : la plaie fe gangréna. Richard pardonna généreufement à l'auteur de fa mort, qui arriva onze jours après, en 1199, à l'âge de quarante-trois ans. Il dut fon furnom de *Cœur-de-Lion* autant à fa férocité qu'à fon courage, & il fut

─────────

(*) L'Hiftorien Anglois auroit dû ajouter, que Philippe dut être indigné du refus que le Sénéchal de Normandie fit de lui remettre fa fœur Alix & fa dot, n'y ayant plus lieu à fon Mariage avec Richard.

souvent perfide avec ses ennemis, ses alliés & ses sujets. Il laissa, par son testament, tous ses domaines & la couronne à Jean son frère; & à Philippe (*), son fils naturel, & son unique enfant, la Seigneurie de Cognac, dans le Duché de Guyenne.

Jean dut sans doute ce changement de volonté de Richard à la Reine Eléonore, & aussi à un trait horrible qui fut le sceau de leur réconciliation (**). Il étoit en France lorsque son frère mourut; & la Noblesse des Provinces d'Anjou, du Maine & de la Touraine, qui appartenoient alors à l'Angleterre, se déclara contre cette disposition de Richard, & soutint le droit du jeune Arthur, âgé de douze ans, dont le père, Godefroy, frère de Richard, & l'aîné de Jean, avoit épousé Constance, fille & héritière de Conan le Petit, Comte de Bretagne. Elle fut appuyée du Roi de France Philippe-Auguste, qui prit le jeune Arthur sous sa protection, & le fit élever à Paris avec son fils Louis. Cependant Jean fut couronné Duc de Normandie, & retourna en Angleterre le 25 Mai 1199, où il fut couronné le 28, à l'âge de trente-deux ans. Son mariage avec Isabelle d'Anjou, qui avoit été fiancée à Hugues, Comte de la Marche, ruina ses affaires en

---

(*) C'est le Bâtard qui paroît dans la pièce de Shakespéar, sous le nom de Philippe Fauconbridge.

(**) Jean, brouillé avec son frère, s'étant réfugié en France, ou Philippe lui permettoit d'entretenir un corps de troupes pour sa garde dans la ville d'Evreux, invite un jour à dîner tous les Officiers de sa garnison, les fait égorger à table, fait exposer leurs têtes sanglantes sur les murailles, & part ensuite pour aller offrir cette place à son frère. Ainsi débuta ce Roi qui, dans la Pièce, traite si légèrement Philippe-Auguste de perfide. *Voyez* Larrey, Philippe, liv. 1v, & Saint-Foix.

France. Sa passion pour elle fut si violente, que pour parvenir à l'épouser, il fit divorce avec Avisa de Glocester, sous prétexte de consanguinité, & ne se fit aucun scrupule de rompre le nœud formé entre Isabelle & le Comte de la Marche. Jean eut une entrevue avec le Roi d'Ecosse à Lincoln, & y reçut son hommage. Pendant le séjour des deux Rois dans cette ville, le corps de Hugues, Evêque de Lincoln, qui passoit pour un Saint, fut apporté de Londres pour être enterré dans sa ville épiscopale : ils allerent tous deux au devant du cortège ; & prenant la bière sur leurs épaules, ils la portèrent quelque tems. Mais, malgré cet effort religieux & d'autres marques de piété qu'il donna au clergé, la nomination que le Roi Jean fit d'un sujet au siége vacant de Lincoln fut rejettée avec le dernier mépris par les Chanoines de cette Eglise, à l'instigation du Pape Innocent III (*), qui vouloit ôter aux Princes toute influence sur l'élection des Evêques & des Abbés. Il eut aussi de grandes querelles avec Hubert, Archevêque de Cantorbery ; mais il craignoit le clergé, & il dissimula son ressentiment : toute la vengeance qu'il en tira alors, fut de se faire couronner pour la troisième fois à Cantorbery, uniquement pour vexer l'Archevêque par la dépense extraordinaire que lui coûtoit ce couronnement.

La mauvaise administration de Jean dans son Royaume, jointe à la mauvaise conduite de ses affaires en France, excitèrent le mécontentement de ses sujets. Il usurpa un pouvoir si absolu, qu'ils craignirent pour leur liberté. La Noblesse n'en fut pas moins alarmée, & chercha

___

(*) Le Pape fit aussi élire à Rome Guillaume de Langton, Archevêque de Cantorbery.

à prendre des mesures pour s'oppofer à la violence de fes procédés. Le Poitou s'étant révolté, le Roi fomma les Barons de venir le joindre à Portsmouth, pour paffer avec lui en France. Les Barons, affemblés à Leicefter, refuférent de le fuivre, à moins qu'il ne les rétablît dans leurs priviléges, fuivant fa promeffe avant le couronnement. Le Roi, au lieu de les fatisfaire, voulut prendre les voies de rigueur contre eux ; & comme ils n'étoient pas fuffifamment préparés pour réfifter, ils cédèrent cette fois, & vinrent trouver le Roi à Portsmouth. Lorfqu'ils y furent, il les difpenfa de le fuivre, en payant par chaque Chevalier deux marcs d'argent. Enfuite, il entra en Normandie pour reconquérir à main armée les pays que Philippe lui avoit ôtés. Cette campagne lui réuffit ; les deux Rois propofèrent des voies d'accommodement, & l'on fixa les limites de leurs domaines. Pour confirmer leur réconciliation mutuelle, Blanche de Caftille, nièce du Roi Jean, fut mariée avec le Dauphin. De nouveaux troubles s'élevèrent en Poitou & en Normandie ; mais ils furent bientôt appaifés. Cependant la Nobleffe de ces Provinces reftoit encore fous la domination de Jean ; le Roi Philippe s'intéreffa à leur fort. Le jeune Arthur, qui avoit époufé Marie, fille de Philippe-Augufte & d'Agnès de Méranie, s'unit avec ces deux Provinces : il entra dans le Poitou avec une armée ; mais il fut battu, fait prifonnier, & enfermé dans le bourg de Falaife par le Roi Jean, qui eut une converfation avec lui, & tâcha en vain de le faire renoncer à fes prétentions. Alors, il imagina de fe défaire de ce jeune Prince qui pouvoit devenir dangereux. La manière dont il exécuta fon deffein, eft rapportée différemment par les Hiftoriens : celle qui fuit eft la plus vraifemblable. Il envoya à Falaife un homme qu'il avoit déterminé à aller massacrer le jeune Arthur ; mais *Hubert de Bourg*, Gentilhomme du Roi & Commandant de ce fort, fit semblant de vouloir lui-même exécuter l'ordre, laissa la vie au Prince, & fit courir le bruit qu'il étoit mort. Ensuite voyant les nouveaux troubles que ce bruit occasionnoit, il découvrit le secret de la vie d'Arthur. Le Roi Jean le fit conduire au château de Rouen, le poignarda de sa propre main, attacha une pierre à son cadavre, & le jetta dans la Seine (*). Constance, mère du Prince, s'adressa au Roi de France, & le pria de venger la mort de son fils. Philippe s'en chargea volontiers (**), fit sommer le Roi Jean de paroître devant lui ; sur son refus, Philippe le déclara déchu de tous les pays qu'il avoit en France. Les efforts qu'il fit pour soutenir la possession de ces Provinces par les armes, furent en pure perte. La Province de Normandie fut réunie à la Couronne de France l'an 1204, après en avoir été séparée pendant 320 ans, sous le gouvernement de douze Ducs, & Jean fut le dernier. Dans son embarras, il s'adressa au Pape Innocent III, qui fit ordonner au Roi de France de faire la paix avec l'Angleterre ; mais on ne fit aucun cas d'un pareil ordre. Malgré toutes les entreprises que les Anglois firent depuis, ils perdirent ce qu'ils possédoient en France, & tous ces domaines furent réunis à la Couronne.

(*) Dans Shakespéar, la mort du jeune Arthur est amenée & exécutée avec des circonstances toutes différentes. Peut-être les avoit-il puisées dans les Chroniques de Hall & d'Hollingshed.

(**) Philippe-Auguste, Seigneur suzerain du mort, de l'assassin, & du lieu de l'assassinat, en étoit le vengeur légitime ; & telle fut la cause de cette guerre si juste. *Saint-Foix*.

Personne ne fut mieux profiter de la foiblesse du Roi Jean, que le Pape. Hubert, Archevêque de Cantorbery, étant mort en 1205, Jean de Gray, Evêque de Norwich, fut, à la recommandation du Roi, élu par tout le Chapitre ; mais Innocent III refusa de le confirmer, & leur ordonna de recevoir le Cardinal Langton, Anglois, qui étoit alors à Rome, & qu'il avoit fait élire en sa présence ; il les menaça de l'excommunication, s'ils désobéissoient. Il confirma aussi-tôt le Cardinal, & le consacra de ses propres mains. Jean, s'imaginant que c'étoit une intrigue de tout le corps, chassa les Moines de Saint-Augustin de leur monastère, & les bannit tous de son Royaume. Il écrivit au Pape une lettre des plus vives ; lui reprocha ses injustes procédés, & le menaça de rompre toute liaison avec la Cour de Rome, s'il ne révoquoit pas ce qu'il avoit fait. Mais Innocent, bien décidé à ne pas reculer, lança un interdit sur tout le Royaume. Le Service Divin cessa dans toutes les Eglises ; plus de Sacremens administrés qu'aux enfans & aux mourans ; les cimetières étoient fermés, & les morts étoient enterrés sans Prêtres ; aucun n'osoit assister à leurs obsèques. Le Roi Jean, pour user de représailles, confisqua tous les biens des Ecclésiastiques qui obéissoient à l'interdit, fit enfermer en prison toutes les concubines des Prêtres, lesquelles étoient en grand nombre, & ne les en laissoit sortir qu'en payant de grosses amendes. Quelques Prêtres, malgré l'interdit, obéirent aux ordres du Roi, qui les prit sous sa protection, & ordonna aux Magistrats de faire pendre sur l'heure quiconque oseroit les molester. Le Pape informé de cette résistance, excommunia tous ceux qui déféroient à la volonté du Roi. Jean demeuroit toujours inflexible ; mais il n'étoit pas sans inquiétude, voyant que le peuple prenoit généralement le parti du Pape. Pour assurer sa personne, il leva une armée, sous prétexte de faire la guerre à l'Ecosse, & fit renouveller l'hommage à tous ses vassaux. Le Pape, voyant que l'interdit n'avoit pas fait assez d'effet depuis un an qu'il duroit, foudroya le Roi lui-même, & lança contre sa personne une sentence d'excommunication, qui ne fut exécutée que quelque tems après. Cependant Jean conduisit son armée en Irlande contre le Roi Connaught, qui y avoit excité quelques troubles. A Dublin, il reçut l'hommage de trente petits Princes ; ensuite il appaisa les troubles, en prenant le Roi prisonnier, & toute l'île rentra sous son obéissance. Avant son départ, il avoit introduit dans ce Royaume les loix & les coutumes d'Angleterre. Le Pape, qui sentoit que Jean seroit forcé, à quelque prix que ce fût, de se débarrasser de l'affaire qu'il lui avoit suscitée, marcha hardiment en avant. Il délia les sujets du serment de fidélité, déposa solemnellement le Roi, mit le Roi de France dans son parti, le chargea d'exécuter la sentence, & lui promit la rémission de ses péchés & la Couronne d'Angleterre, aussi-tôt qu'il auroit détrôné le tyran. Dans ces vues, Philippe équipa une nombreuse flotte (*), & Jean se prépara à se défendre. Cependant l'artificieux Cardinal passa à Douvres, remplit l'ame de Jean de terreur, & fit si bien, qu'il le persuada de soumettre lui & son Royaume au Pape, & de consentir à les tenir de lui comme son vassal & à titre de fief : cet étrange traité s'exécuta. Le

---

(*) Philippe parut moins juste dans cette guerre, qu'il entreprit contre l'avis de la Cour des Pairs, & obsédé par le Cardinal Pandolphe, qui le flattoit & l'appelloit le *pieux & redoutable champion de Saint-Pierre*. Saint-Foix.

Roi

DES PIECES HISTORIQUES.

Roi de France indigné, malgré les repréſentations de l'envoyé du Pape, ne voulut point terminer la guerre qu'il avoit entrepriſe contre l'Angleterre; d'un côté, la flotte, commandée par le Comte de Salisbury, ruina la nôtre; de l'autre, Philippe avec cinquante mille hommes remporta la fameuſe victoire de Bovines ſur une armée de cent cinquante mille : enfin, les vives ſollicitations du Pape, & l'appas de ſoixante mille livres ſterling, qui lui furent payés comptant, le firent conſentir à une trève.

La Nobleſſe & les autres états du Royaume ſollicitèrent vivement l'abolition des entraves que l'oppreſſion avoit miſes à leurs droits; & préparés à la guerre, ils demandèrent le rétabliſſement des loix de Saint-Édouard : ils furent refuſés. L'indignation les ſaiſit, & ils allèrent juſqu'à attaquer le Roi en ennemis, nommèrent un Général, marchèrent à Londres, & aſſiégèrent le Roi dans la Tour. Enfin, ces diſputes furent terminées par la ſignature forcée de la fameuſe lettre de franchiſe pour les états du Royaume, & qui eſt connue ſous le nom de *charte de la liberté* ou *grande charte*. Malgré la bonne volonté apparente avec laquelle le Roi leur accorda leurs demandes, il fut cependant toujours très-mécontent de leur procédé, & s'adreſſa au Pape, qui déclara ce traité nul, par la raiſon qu'il avoit été fait ſans ſon conſentement. Jean révoqua toutes les franchiſes qu'il avoit accordées à ſes ſujets, & ce fut la ſource de nouvelles guerres civiles. La Nobleſſe ſollicita un ſecours dangereux à la Cour de France, & l'obtint. Louis (*), Dauphin, fit

---

(*) Louis, un des plus proches héritiers de la Couronne d'Angleterre, par la Princeſſe Blanche, ſa femme, fille d'Eléonore, ſœur de

une descente en Angleterre avec une nombreuse armée, malgré la défense du Pape, prit tout le Comté de Kent, reçut à Londres le serment des Barons, & agit en Souverain. Le Roi Jean fut presque abandonné de tous ; cependant quelques amis revinrent de son côté : il assembla encore une armée considérable. Sur le chemin de Lynne à Lincoln, voulant éviter une bataille, il lui fallut traverser un marais où il pensa périr avec son armée, & perdit ses bagages & ses trésors. Le chagrin qu'il en eut,

Richard Cœur-de-Lion, mort sans enfans, élu & sollicité par les Barons Anglois, qui argumentoient de l'abdication solemnelle de Jean entre les mains du Pape, & s'autorisoient des exemples antérieurs, où l'on n'avoit pas suivi l'ordre de la succession, entra en Angleterre pour conquérir le trône qui lui étoit offert, & y fut reçu comme un libérateur. Mais à la mort de Jean, les esprits, avides de troubles, & séduits par la perspective d'une minorité, changèrent tout-à-coup, & trahirent leur courageux vainqueur. Pour colorer leur trahison, ils imaginèrent de fausses accusations. Telle est celle du complot même de la scène du Comte de Melun, dans le cinquième Acte de la Pièce : calomnie atroce, inventée apparemment par le Moine Anglois Matthieu Paris, aveuglément copié même par nos Historiens, ou par quelque autre Ecrivain aussi digne de foi que ce Moine partial & plein de fiel. Jamais Prince ne fut plus courageux que Louis, & plus éloigné d'une pareille indignité. Ces Lords reprochèrent à Louis de se défier d'eux, & de donner le Gouvernement des Places importantes aux François. Il y en eut d'assez lâches pour affecter de prendre ses intérêts avec chaleur, afin de saisir l'occasion de le trahir par des conseils perfides. Louis méprisa les clameurs & les menaces d'une populace insolente & féroce, & bloqué dans Londres, il déclara qu'il ne consentiroit jamais qu'à une paix honorable, & qui mît à couvert de toutes recherches ceux qui l'avoient appellé en Angleterre. Il toucha quinze mille marcs d'argent, avec cinq mille que la ville de Londres lui avoit prêtés, & repassa en France, faute d'avoir été suffisamment appuyé par son père, qui refusa de le voir & de lui parler, sous prétexte qu'il étoit excommunié.

augmenta la maladie dont il étoit déja attaqué auparavant. L'anecdote d'un Moine de l'Abbaye de Swines-Head, qu'on dit l'avoir empoisonné, a peu de vraisemblance, & ne se trouve pas dans les Historiens contemporains; il avoit été forcé de rester à Newark, où il mourut.

Les Historiens Anglois peignent le Roi Jean sous les traits d'un Roi méprisable par l'esprit, haïssable par le cœur; dédaigneux, plein d'orgueil, violent, cruel, vindicatif, perfide & lâche, débauché & inconstant; abject dans l'adversité, insolent dans les succès; méprisé & haï de ses sujets, qu'il accabla du poids de la tyrannie; abhorré du Clergé, qu'il opprima d'exactions, & avili aux yeux de tous les Princes de l'Europe; qui cependant fit quelques réglemens estimables, régla la forme du gouvernement civil de la cité de Londres & autres villes du Royaume; introduisit le premier la monnoie sterling; établit en Irlande les loix de l'Angleterre, & accorda aux cinq ports les priviléges dont ils sont encore en possession. On l'avoit surnommé *Jean-sans-Terre*, parce que Henri II son père ne lui avoit rien désigné dans un premier partage qu'il fit de ses états entre ses enfans. On raconte que ce surnom lui fut confirmé après sa mort. Les Moines de Wincester répandirent parmi le peuple, qu'on entendoit un bruit continuel sur son tombeau, & qu'il en sortoit de tems en tems des cris épouvantables. Ils jettèrent son corps dans un champ, dit *Saint-Foix*.

Le titre de cette pièce promet plus d'événemens qu'elle n'en contient: elle ne renferme que ceux qui arrivèrent depuis la trente quatrième année de son règne, jusqu'à sa mort, ce qui comprend en tout un espace de dix-sept ans.

Les critiques Anglois placent cette pièce au second rang de celles de Shakespéar, quoiqu'ils conviennent du grand nombre de beautés qui s'y trouvent. Il n'est personne qu'elles ne frappent; le caractère de Constance & de sa douleur maternelle; la scène seule où le Roi Jean engage Hubert au meurtre d'Arthur, & celles qui se passent entre Hubert & ce jeune Prince; celle où le Roi repentant & alarmé des suites, reproche à Hubert de lui avoir obéi, sont des chefs-d'œuvres dans leur espèce; sans parler de plusieurs autres, dont la force, la dignité, la chaleur, l'originalité & le naturel sont dignes d'être admirés.

Pope parle d'une ancienne pièce de théatre sous le titre : *the troublesome Reign of King John*, le règne agité du Roi Jean, en deux parties, imprimée en 1611, & dont il donne Shakespéar & Rowley pour éditeurs communs, mais sans aucun fondement. Steevens dit que cette conjecture n'est fondée que sur les lettres initiales W. S. imprimées à la tête de cette pièce; & que c'est une supercherie du Libraire, pour donner plus de cours à la pièce, en la faisant croire de Shakespéar, comme il arriva à plusieurs de ses pièces, dont les Comédiens ne vouloient point donner de copie. Il a paru depuis une imitation de Cibber, intitulée *the Papal tyranny*, où il y a des beautés.

II.

Sur la vie & la mort de RICHARD II.

CETTE pièce, non plus que la précédente, ne comprend pas à beaucoup près toute la vie ni le règne entier de Richard II, mais seulement les deux dernières années. L'action commence au moment où le Duc de Norfolk est accusé de haute trahison, l'an 1398, & finit avec la vie du Roi, qui fut assassiné vers la fin de 1400 ou au commencement de 1401 : mais il est nécessaire de reprendre les faits un peu plus haut, pour saisir mieux quelques personnages & quelques allusions de la pièce.

Richard II, fils du Prince noir, succéda à la Couronne à la mort d'Edouard III, & fut couronné sans aucune opposition à l'âge de onze ans ; ses trois oncles gouvernoient jusqu'à l'assemblée du Parlement. Dans cet intervalle, les François firent plusieurs descentes en Angleterre, & brûlèrent Hastings, Portsmouth, Dartmouth, Plymouth, & pillèrent l'île de Wight. Le Parlement s'assembla en Octobre, & donna la régence aux trois oncles. Le plus ancien, le Duc de Lancastre, fut mortifié de ce partage ; il espéroit gouverner seul. C'étoit un Prince d'un caractère hautain & exclusif. Brest & Cherbourg furent cédés aux Anglois. Richard, sur la fin de son règne, les revendit pour une modique somme. L'Ecosse se souleva. Berwick fut surpris par le Roi & repris par le Comte de Northumberland ; son fils, Henri Percy, s'y signala avec tant de bravoure & d'intrépidité, qu'il y acquit le surnom de *Hotspur* (bouillant & indomptable). Alors arriva cette terrible émeute, en 1381, qui faillit renverser le Royaume. Le Parlement avoit imposé une capitation sur tous les individus au-dessus de quinze ans, sans en excepter les Moines ni les Religieuses. Cet impôt fut pris à ferme, & les Collecteurs le levoient avec dureté & insolence : un d'eux, demanda à un Couvreur de Deptford, nommé Walter, & depuis Wat-Tyler, douze deniers pour une de ses filles ; le père refusa de les payer, alléguant que sa fille n'avoit pas l'âge requis. L'insolent Collecteur voulut indécemment s'assurer par ses yeux de la vérité du fait ; Wat prit un marteau & lui fendit la tête : le peuple épousa aussi-tôt son parti. La populace de Kent se souleva & prit Wat pour chef. Ceux d'Essex suivirent, sous la conduite de Jacques Straw. Tous les griefs des mécontens se réveillèrent ; les Moines les échauffèrent, & Wat se vit bientôt à la tête de cent mille hommes. Ils marchèrent à Londres, & commirent tous les excès d'une populace en fureur, massacrèrent l'Archevêque de Cantorbery & plusieurs autres Seigneurs, & jurèrent qu'ils ne souffriroient jamais de Roi du nom de Jean, à cause de la haine qu'ils portoient à Jean de Gaunt, Duc de Lancastre, qui, à cette époque, étoit allé négocier une trève avec les Ecossois. Le Roi & sa Cour furent alarmés des progrès de ce torrent : il eut bien de la peine à obtenir une conférence avec Wat-Tyler, qui lui fit cent demandes extravagantes, & qui, de tems en tems, levoit son épée, en menaçant le Roi. Cette insolence irrita Walworth, Maire de Londres, au point qu'il donna au rebelle un si furieux coup de son épée sur la tête, qu'il l'étendit mort. Les rebelles à cette vue alloient venger la mort de leur chef, lorsque le jeune Roi, avec un courage & une présence d'esprit bien au-dessus de son âge, leur cria : »Mes amis, voulez-vous tuer

» votre Roi? Vous avez perdu votre chef, hé bien, je veux » être votre Général, suivez-moi«; & à ces mots il retourne son cheval, se met à leur tête, & marche aux plaines de Saint-Georges. Les rebelles, imaginant qu'il s'étoit déclaré pour eux, le suivirent aussi-tôt : mais arrivés là, ils trouvèrent une troupe de citoyens bien armés, que le Maire avoit rassemblés & qui marchèrent à leur rencontre. Ils crurent que toute la ville venoit fondre sur eux; & saisis de frayeur, ils posèrent bas leurs armes : tout fut bientôt dissipé, sans autre effusion de sang, que la mort du chef Wat-Tyler.

Richard épousa Anne de Luxembourg, sœur de l'Empereur Venceslas, qui fut reçue en Angleterre après ces troubles appaisés. Les plus chers favoris du jeune Roi étoient Nevil, Archevêque d'York, Robert de Vere, Comte d'Oxford, le premier Marquis d'Angleterre, le Duc d'Irlande, Michel de la Pole, fils d'un Marchand de Londres, qu'il créa Comte de Suffolk & haut-Chancelier, & le Juge Tresilian. Ces favoris, en caressant les passions du Roi, acquirent un nouvel ascendant sur son esprit : ils se rendirent si odieux, que le Parlement lui refusa le subside qu'il demandoit pour repousser une invasion des François, s'il ne vouloit pas renvoyer ces Ministres. Il fit une seconde fois la même demande, qui fut également refusée. Le Parlement confisqua les biens du Duc d'Irlande, & força le Chancelier à rendre les dons du Roi; mais le Parlement ne fut pas plutôt dissous, que Richard eut la foiblesse de rappeller auprès de lui ses vieux Ministres, qui ne s'occupèrent plus que des moyens de se venger de leurs ennemis. Le Duc de Glocester, fils d'un des oncles du Roi, fut le principal objet de leur ressentiment : ils cherchèrent à l'emprisonner; mais il échappa cette fois. Le reste du règne de Richard ne fut plus que troubles & confusion, & une suite de procédés arbitraires. Il eut l'imprudence de vouloir se rendre absolu, & l'imprudence plus grande encore de montrer ses desseins à la nation, & il n'obtint que sa haine. Le Duc de Glocester, les Comtes d'Arondel, de Warwick, de Nottingham & de Derby alarmés de cette entreprise, & du projet caché de leur destruction, levèrent une armée de quarante mille hommes. Il y eut une bataille que perdit le parti de Richard. On trouva dans les bagages une lettre du Roi, qui annonçoit sa résolution de demander des secours au Roi de France, pour l'aider à dompter ses sujets. Ce complot lui fut reproché à Westminster où, après plusieurs efforts inutiles, il fut forcé de se rendre, de consentir au bannissement de ses favoris, & de promettre de mieux régner. Mais bientôt l'esprit & les maximes que lui avoient suggérées ses favoris lui firent oublier ses promesses. La Reine étant morte, il épousa Isabelle, fille de Charles VI, Roi de France, & fit avec elle une trève déshonorante. Les Ducs de Lancastre & d'Yorck quittèrent la Cour ; & le Duc de Glocester, qui avoit reproché au Roi son neveu sa conduite, fut arrêté, conduit à Calais, & étouffé entre deux matelas. Les Comtes de Warwick & d'Arondel furent emprisonnés dans la tour. Richard acheta un Parlement à sa dévotion, qui fit trancher la tête au Comte d'Arondel & bannit Warwick dans l'île de *Man*. Mais ce Parlement scandaleux, en servant lâchement les passions du Roi, ne fit que hâter sa ruine.

En 1398, Jean de Gaunt, Duc de Lancastre, mourut. Bolingbroke, Comte de Derby, son fils, que Richard avoit créé Duc d'Hereford ou de Lancastre, devint l'instrument de la perte de Richard, au moment où, où, jouissant de la plus grande sécurité, il exerçoit le pouvoir le plus arbitraire, & laissoit à ses favoris sacrifier la nation à leurs intérêts. Au milieu de ses exactions, il s'éleva en Irlande une révolte, qu'il voulut aller appaiser en personne. Pendant son absence, il se forma en Angleterre une conspiration pour le détrôner. Les mécontens résolurent d'appeller le Duc d'Hereford, qui étoit alors en France en exil : voici quelle en avoit été la cause.

Le Duc de Lancastre (Bolingbroke) porta au Parlement une plainte contre le Duc de Norfolk, l'accusant de lui avoir tenu des discours calomnieux contre le Roi, & d'avoir accusé ce Prince du dessein de se défaire des principaux personnages du Royaume. Norfolk nia cette imputation, & offrit de prouver son innocence par le duel. On convint du tems & du lieu, qui fut pris à Conventries. Les deux parties parurent sur le champ de bataille. Mais le Roi se mit entre eux deux ; il défendit le duel, & leur ordonna de sortir du Royaume. Le Duc de Norfolk fut banni pour toujours, & Bolingbroke pour dix ans seulement. Ces dix années furent réduites à quatre, même avant le départ de Bolingbroke ; & le Roi lui donna en même tems la permission, s'il lui arrivoit pendant ce tems quelque héritage, d'en venir sur-le-champ prendre possession.

Peu de tems après mourut Jean de *Gaunt*, Duc de Lancastre, dont l'héritage revenoit à Bolingbroke, qui voulut en prendre possession. Mais le Roi révoqua la permission qu'il lui en avoit donnée, & s'empara lui-même de l'héritage du Duc de Lancastre. Il fit arrêter & exécuter l'Envoyé du légitime héritier Bolingbroke.

Bolingbroke avoit parmi la Noblesse & parmi le peuple beaucoup d'amis, qui partagèrent avec lui son juste mécontentement de la conduite tyrannique du Roi. Le Roi commit encore une nouvelle imprudence, en allant en Irlande pour venger la mort de *Roger*, Comte de Marche, son cousin. Bolingbroke débarqua près de *Ravenspur*, dans le Comté d'Yorck, & s'unit avec les Comtes de Northumberland & de Westmorland. Il jura qu'il n'avoit d'autre intention que de se mettre en possession du Duché qui lui appartenoit. Dans peu de tems il assembla une armée de plus de soixante mille hommes.

Le Duc d'York, en qualité de Régent d'Angleterre, homme âgé & peu actif, étoit resté pour s'opposer à Bolingbroke. Il assembla, près de Saint-Albans, une armée de quarante mille hommes, quoique les affaires du Roi ne l'intéressassent que médiocrement. Aussi prêta-t-il l'oreille aux représentations de Bolingbroke, qui lui demanda seulement de ne pas lui être contraire dans ses prétentions légitimes. Bolingbroke se vit par là en possession d'un pouvoir sans bornes sur tout le Royaume, & dans la plus vive tentation d'aller plus loin, qu'il ne l'avoit compté auparavant.

Le Roi n'eut pas plutôt appris ce qui se passoit, qu'il se hâta de sortir d'Irlande avec une armée assez peu nombreuse. Mais la plupart de ses partisans l'abandonnèrent. Bolingbroke lui envoya le Comte de Northumberland, avec les plus fortes assurances de sa fidélité ; le Monarque en fut tellement dupe, que Northumberland trouva moyen de s'emparer de sa personne, & de le livrer entre les mains de Bolingbroke, qui le conduisit à Londres, au milieu des acclamations du peuple. Il força dès lors le Roi de quitter le gouvernement, après avoir amené le Parlement au point de le déposer dans les formes, à raison de la tyrannie dont on l'accusoit, & de sa mauvaise conduite. Dans cette vue il y eut une longue plainte de XXXIII articles contre Richard. Le Parlement n'examina pas, comme il le devoit, cette plainte ; il n'y eut que le seul Evêque de *Carlisle* qui eut le courage & la générosité de parler pour le malheureux Prince. Mais Bolingbroke le fit arrêter sur-le-champ. Ainsi la plainte eut toujours lieu, & Bolingbroke forma des prétentions à la Couronne, qu'il fonda sur de faux titres de son origine, qui furent reconnus valables ; Bolingbroke parvint au trône sous le nom de Henri IV, en 1399, & le sort de Richard fut une captivité continuelle.

Sa mort la termina. Les Historiens en racontent différemment les circonstances. Les uns disent que *Sir Exton*, & ceux qui le gardoient dans la tour de *Pontfret*, l'assommèrent à coups de massue. D'autres pensent qu'il est plus vraisemblable qu'il mourut de faim ; on lui refusoit tout.

Ce Prince infortuné montra dans sa jeunesse les plus heureuses inclinations ; mais la flatterie le corrompit : il se remplit d'orgueil. Il étoit amoureux de la pompe & du spectacle, & y prodigua des sommes immenses : il devint présomptueux, arbitraire, cruel & inflexible. Il étoit plein de l'idée, qu'étant l'Oint du Seigneur, il ne pouvoit jamais perdre sa Couronne, & cette idée en fit un tyran. Après avoir perdu l'affection de ses sujets, il perdit soudain la Couronne par une révolution des plus surprenantes & des plus imprévues.

Shakespear, en travaillant ce sujet dans le même plan que ses autres Pièces historiques, a suivi principalement le Chroniqueur Holingshed.

Cependant le Poëte, observe Madame Lenox, s'écarte par fois de l'Histoire, ou en omet quelques circonstances.

Elle prétend que ces écarts & ces omiſſions répandent ſouvent un jour tout différent ſur les caractères des perſonnages, & pourroient quelquefois les faire méconnoître.

Tel eſt le maſſacre du Duc de *Gloceſtre*, oncle du Roi. C'eſt un des crimes que Bolingbroke reproche au Duc de Norfolk dans la Pièce. On y répète plus d'une fois, que le Roi en avoit donné l'ordre. Le vieux Duc de Lancaſtre lui reproche d'avoir verſé le ſang du grand Edouard ; & le ſilence de Richard ſur cette accuſation, eſt non-ſeulement un aveu tacite de cette imputation ; mais il eſt encore une preuve, qu'il n'avoit rien à alléguer pour ſa juſtification.

L'Hiſtoire n'aſſure pas abſolument, que Richard ait eu part à la mort de ſon oncle ; mais ce qui eſt certain, c'eſt que le Duc de Gloceſter avoit formé pluſieurs conjurations contre lui ; que le Roi en avoit découvert une, où l'on n'en vouloit pas ſeulement à ſa Couronne, mais encore à ſa vie ; & qu'ainſi il ſe vit contraint de s'aſſurer de la perſonne de ſon perfide oncle. Il s'y prit d'une manière très-fine pour le ſaiſir dans ſon propre château, & l'envoya à Calais, où il avoua toute ſa trahiſon, & où, ſuivant quelques Hiſtoriens, il fut tué par ordre de Richard.

Les Hiſtoriens diſent que Bolingbroke, pendant ſon exil, avoit été invité par les principaux de la Nobleſſe Angloiſe à revenir, & à arracher à Richard une Couronne dont ils le jugeoient indigne. Shakeſpéar ne parle pas de cette circonſtance ; mais il fait faire à Bolingbroke, à ſon arrivée, la déclaration qu'il ne revenoit que dans l'intention de ſe mettre en poſſeſſion de ſon héritage légitime, & la Nobleſſe ſe joignit à lui pour l'aider à jouir de ſes droits

DES PIECES HISTORIQUES. xxj

Ce dernier écart est encore facile à excuser. Quelques Historiens racontent en effet de cette façon toute l'affaire sous ce point de vue, qui a plus de vraisemblance. D'autres changemens peu considérables sont tout aussi pardonnables ; & Madame Lenox ne montre, dans ses imputations, que sa manie de critiquer sans fondement : elle en est bien punie, puisqu'elle a le malheur de trouver plus comique que tragique la belle scène où York parle à Bolingbroke contre son fils *Aumerle*, & où sa mère prie pour lui.

Au reste, suivant les notes de Farmer, tirées des annales de *Camden*, il paroît qu'il y a déja eu une ancienne pièce Angloise sur Richard II. *Sir Gelley Merrick*, qui eut part à la folle entreprise du Comte d'Essex, & qui fut pendu en 1601 avec *Cuffe*, est entr'autres choses accusé : *quòd exoletam tragœdiam de tragicâ abdicatione Regis Ricardi secundi, in publico theatro coram conjuratis datâ pecuniâ agi curasset*. Le Lord *Bacon* fait aussi mention de cette circonstance, & dit, que Merrick avoit pris des arrangemens pour que cette pièce fût jouée le soir même de la conspiration devant les conjurés ; & comme un des Acteurs lui représenta qu'elle étoit ancienne, & qu'elle leur rendroit peu d'argent, Merrick paya quarante schellings d'extraordinaire pour la voir seulement jouer. Farmer présume que peut-être quelques-uns des passages rimés de la pièce de Shakespéar, que Pope juge être le travail d'une main étrangère, pouvoient bien être empruntés de cette ancienne pièce. Au reste, ce qu'il y a de sûr, c'est que cette dernière doit en général avoir eu un tout autre but, attendu que dans celle de Shakespéar, comme l'observe Johnson, on trouve des expressions & des discours qui semblent attenter aux droits sacrés de la Royauté.

III.

Sur la première Partie du Roi HENRI IV.

Les détails historiques, qui font la base de cette pièce, n'embrassent qu'un espace de dix mois environ; l'action commence avec la nouvelle de la victoire de *Hotspur*, remportée sur les Ecossais près Holmedon, où se donna la bataille, le 14 Septembre 1402, jour de l'Exaltation de la Croix; elle finit avec la défaite & la mort d'*Hotspur*, auprès de Shrewsbury, le 21 Juillet 1403.

Shakespéar avoit évidemment le dessein de joindre cette pièce avec la précédente. A la fin de Richard II, Henri IV déclare le projet qu'il a formé de faire une campagne dans la Terre-Sainte; & il le répète encore dès le commencement de cette pièce. Les plaintes que Henri, dans le dernier acte de Richard II, fait sur les égaremens de son fils, préparent le Lecteur aux scènes gaies & aux caractères qu'on rencontre dans celle-ci.

Voici le petit nombre d'événemens historiques dont la connoissance est nécessaire pour l'intelligence de cette première partie.

Henri IV, ou Bolingbroke, monté sur le trône, pardonne à tous ceux qui avoient pris les armes pour Richard (*), excepté aux meurtriers de Glocester. Le Par-

---

(*) Au défaut de Richard II, la Couronne appartenoit à Edmont Mortimer, Comte de la Marche, fils de Roger, déclaré héritier présomptif de Richard II, & qui descendoit de Lionnel de Clarence, second fils d'Edouard III; au lieu que Henri de Lancastre, père de Henri IV, étoit fils d'un cadet de Lionnel. *Saint-Foix.*

lement paſſa un acte qui fixa la ſucceſſion de la Couronne dans ſa maiſon, ſource des longues & ſanglantes querelles qui ſurvinrent depuis entre les deux familles d'York & de Lancaſtre. En 1400, il ſe forma contre le Roi une conſpiration qui fut découverte & punie par la mort des conſpirateurs. Vers ce tems, Owen Glendower engagea les Welches à rompre tout lien d'obéiſſance à l'Angleterre, & à le reconnoître pour Souverain. Le Roi marcha contre lui, mais ſans pouvoir l'atteindre dans les montagnes de Snowden.

Archibald, Comte de Douglas, fit, en 1402, avec douze mille Ecoſſois, ſoutenus de quelques Gentilshommes des plus conſidérables, une irruption en Angleterre, & pilla les contrées du Nord. Dans ſa retraite, il fut rattrapé par les *Percys* auprès de Holmedon, ſur les frontières d'Angleterre, & défait après un combat très-vif. Le Roi Henri fut d'abord informé de cette victoire, & ordonna au Comte de Northumberland de ne point échanger les priſonniers, qu'il vouloit s'approprier. Cet ordre excita ſur-tout le mécontentement du jeune Henri Percy, qui, de concert avec le Comte de Worceſter, anima de plus en plus le Comte de Northumberland. Celui-ci fit un complot avec Owen Glendower, mit Douglas en liberté, s'unit auſſi avec lui; en un mot, il révolta tout le monde contre le Roi Henri. La guerre étoit ſur le point d'éclater, quand Northumberland tomba ſubitement malade; le jeune Percy prit le commandement de l'armée & marcha à Shrewsbury, où Glendower ſe joignit à lui. Le Roi y accourut avec le peu de troupes qu'il avoit raſſemblées pour marcher contre les Ecoſſois, & la bataille ſe donna près de Shrewsbury. La veille au ſoir, Percy renonça formellement à l'obéiſſance au Roi, lui reprocha les griefs que la Noblesse & le peuple avoient contre lui, & lui livra bataille : elle fut des plus chaudes & des plus opiniâtres. Le Roi Henri, & son fils le jeune Prince de Galles, combattirent en Héros. De l'autre côté, Percy & Douglas firent des prodiges de valeur. Le dernier chercha par-tout le Roi, qui, ayant fait porter à plusieurs Officiers le même habillement que lui, échappa à ses recherches, & plusieurs périrent victimes de l'erreur de Douglas. Percy resta sur le champ de bataille, sans qu'on sache qui l'avoit tué. Shakespéar fait cet honneur au Prince Henri, & relève encore plus par-là son caractère, en rendant aussi plus glorieuse la mort de Percy. Worcester & Douglas furent faits prisonniers ; le premier fut décapité à Shrewsbury.

Une autre conspiration éclata ; Richard Scroop, Archevêque d'York, & élévé à cette dignité par Richard, s'y trouvoit engagé, avec une partie de la Noblesse ; mais elle fut étouffée. Le Prince de Galles, fils de Henri, n'annonçoit guère alors un Roi futur : il vivoit avec de jeunes débauchés de la classe du peuple, & se livroit avec eux à toutes sortes d'excès, de vices & de bassesses. Un de ses compagnons de plaisir fut accusé de félonie : il voulut être présent au procès, & le voyant condamner, dans un accès de colère, il frappa le Juge. Le Juge le fit arrêter sur-le-champ ; alors le Prince reprit son sang-froid, & se laissa conduire, sans la moindre résistance, en prison. Henri IV mourut en 1413, âgé de 46 ans, laissant le Prince de Galles pour successeur.

Henri IV étoit consommé dans tous les exercices de la Chevalerie. Il avoit du courage, de la fermeté & de la pénétration ; naturellement impérieux, mais maître de ses passions ; superstitieux sans vertus ni religion ; économe

munitieux

minutieux, & dissipateur insensé. Il étoit doux par prudence, humble par crainte, cruel par politique, rapace par indigence; il s'éleva au trône par la perfidie, fonda sa royauté sur le sang de ses sujets, & mourut pénitent, ne pouvant plus être vicieux (*). Une tache souillera éternellement sa mémoire; il est le premier Roi d'Angleterre qui ait fait brûler les Hérétiques.

Les deux parties de Henri IV doivent, sans contredit, être mises au nombre des principaux Ouvrages du Poëte Anglois, & parmi les Pièces que sa Nation admire le plus. L'Histoire, comme on le voit, y entre pour peu de chose; cependant Shakespéar a su profiter de ce qu'il en a tiré, & l'embellir, & il a sur-tout rendu ses caractères très-intéressans. Ceux de Hotspur & du jeune Henri sont plus saillans. » Chaque fois, (dit Mistrifs-
» Griffith) qu'un des deux occupe la scène, j'éprouve
» dans le cœur l'émotion que Philippe Sidney dit qu'il
» avoit coutume d'éprouver en lisant l'ancienne ballade
» *chevy-chase* (ballade de chasse), dont il étoit affecté,
» comme s'il eût entendu le son d'une trompette. Les
» femmes mettent l'ancienne vertu du courage héroïque
» & chevaleresque à un plus haut prix que ne font les
» hommes en général, & cela par deux raisons : d'abord
» le courage de l'homme est nécessaire au sexe pour sa
» défense personnelle : ensuite, la foiblesse de leur sexe
» leur présente cette qualité sous une idée plus grande &
» plus extraordinaire qu'aux hommes, qui en sentent

(*) Ce fut sous son règne que Geoffroi Chaucer & Jean Gower se rendirent célèbres par leurs Poésies, & reformèrent les premiers la langue Angloise.

» plus communément le germe dans leur fein. Et voilà,
» sans doute, pourquoi la sublime valeur de ces deux
» caractères font sur mon ame une impression si vive «.
Voici le parallele qu'elle fait ensuite de ces deux caractères.

» Ils sont tous les deux également braves. Mais le courage de Hotspur a plus d'ardeur & de feu. La magnanimité du Prince est plus héroïque. Le premier ressemble à Achille; le second approche plus d'Hector. Aussi les différens principes de leurs actions forment & justifient cette différence; l'un attaque un droit, & l'autre le défend. Hotspur parle avec noblesse de Douglas, son rival, en sa présence, mais seulement depuis qu'il est devenu son ami. Le Prince parle de même de Hotspur, mais absent, & lorsqu'il est encore son ennemi.

Tous les deux ont une veine d'humeur vive & joviale dans les scènes ordinaires de la vie; mais Hotspur conserve pourtant encore la hauteur, l'âpreté de son caractère, même dans les délassemens qu'il se permet.

Le Prince a plus d'épanchement & de naturel, & se livre sans réserve à la dissipation & à la folie. La gaieté de Hotspur & celle de Hamlet paroissent avoir beaucoup de ressemblance; tous deux ne l'affectent, que pour soulager les troubles de leur ame, & pour cacher des desseins sanguinaires; la gaieté du Prince, comme celle de Faulconbridge dans le *Roi Jean*, paroît être plus franche & plus vraie, elle provient de la nature, & d'une heureuse circulation du sang. Le Prince est Alcibiade, Percy n'est que lui-même «.

Il y a un trait dans le caractère du jeune Prince qui est du plus grand génie; c'est qu'on voit, comme Madame Lenox l'exprime très-bien, à travers le voile de ses extravagances & des désordres du jeune âge, briller un crépuscule de grandeur & de vertu, qui annonce l'éclat futur de sa vie & de son règne «.

Je passe sous silence, dit M. Eschenberg, la foule des autres beautés de cette Pièce si riche, qui, en partie, ont été très-bien analysées dans l'Essai sur le Génie de Shakespéar & sur ses Ecrits. Mais je ne puis m'empêcher de parler du mélange du sérieux & du comique qui frappe plus dans les deux dernières parties de Henri IV, que dans les autres Pièces historiques, & dans les autres Tragédies de ce Poëte. Je sais que ce mélange est précisément ce qui a coutume de choquer le plus le goût des Nations voisines ; c'est l'éternel *mais*, après qu'on a accordé à Shakespéar du génie & de la supériorité. Cette critique ne se trouve si répétée, que parce qu'il est si aisé de la faire, & qu'elle semble déceler une certaine finesse de goût.

Mais c'est précisément le reproche que l'on faisoit à cet ancien Sculpteur, dont la statue étoit destinée à être placée sur le sommet d'un Temple très-élevé. On la trouva grossière, gigantesque & sans proportions, tant qu'elle resta à terre & l'on donnoit la préférence au travail d'un autre Artiste bien inférieur au premier : les deux statues furent transportées au haut du temple ; alors on admira ce qu'on avoit critiqué, & on critiqua ce qu'on avoit admiré, & l'on eut honte d'avoir trop précipité son jugement.

J'ai observé plus d'une fois, que le faux point de vue d'où l'on regarde ce Poëte & ses Ouvrages, est la principale cause de tant de jugemens qui ont été portés sur lui, & qui sont aussi louches, aussi faux, & aussi injustes, que l'angle trompeur sous lequel il a été observé,

Un spectacle historique est, sans contredit, d'une toute autre espèce qu'une Tragédie ; une Tragédie de Shakespéar a une toute autre forme qu'une d'Aristote, & qu'une Tragédie Françoise. Comment peut-on assembler des choses d'une espèce toute différente ? Comment peut-on vouloir en prendre une, pour servir de mesure à toutes les autres ? Les Pièces de Théâtre de Shakespéar sont des tableaux de la vie ; & dans celle-ci, quel mélange successif & journalier de différentes scènes graves & comiques ! La copie n'est donc fidelle qu'autant qu'elle conserve ce mélange. Ou bien, faut-il que le Poëte, qui n'a d'autre intention que de mettre la véritable histoire en action, mutile cette histoire ? Et le pourra-t-il, sans détruire l'unité & l'ensemble, & sans rompre la chaîne des sujets & des suites.

C'est précisément la partie comique de ces deux Pièces qui leur a fait, de tout tems, obtenir un suffrage si distingué parmi les Anglois ; & sur-tout le caractère si parfait & si jovial de *Falstaff*. » Inimité & inimitable *Falstaff*, » s'écrie Johnson, comment faut-il que je te décrive ? O » mélange de raison & de vices ; de *raison*, qu'on peut » admirer ; de *vices*, qu'on peut mépriser, mais qu'on a » peine à détester ! Falstaff est un caractère plein de défauts, » & même de défauts qui inspirent naturellement le mépris. » Il est voleur & gourmand, babillard & plein de jactance, » toujours prêt à tromper le foible, à dépouiller le » pauvre, à effrayer le timide, & à insulter celui qui est » sans défense. Officieux & méchant à la fois, il se » raille en leur absence de ceux qu'il flatte pour subsister » & vivre. Il n'est Confident du Prince que comme » instrument du vice ; & cependant il est si glorieux de » ce titre, qu'il tranche non-seulement de l'homme

» capable & supérieur avec les gens du commun, mais
» qu'il croit même que le Duc de Lancastre est obligé
» de rechercher sa faveur & son entremise. Et cependant
» cet être si corrompu, si méprisable, sait se rendre
» nécessaire au Prince, qui, au fond, le méprise, &
» cela par la plus séduisante de toutes les qualités, par
» une gaieté originale & continuelle; il sait le forcer à
» rire par un charme irrésistible, plaisir qu'on se permet
» avec lui d'autant plus librement, que son esprit n'est
» ni brillant ni ambitieux, & qu'il ne consiste qu'en
» badineries passagères & en saillies légères, qui excitent
» la gaieté & jamais l'envie. Il faut de plus remarquer
» qu'il n'est souillé d'aucun crime atroce ou sanglant,
» & qu'ainsi sa licence n'offense pas au point, qu'on ne
» puisse la supporter en faveur de son caractère jovial «.

Voici comme un autre critique Anglois fait le détail du caractère de Falstaff.

« Il est évident que l'excellence de ce caractère gît dans
» un mélange convenable d'esprit & de gaieté. La bonne
» humeur en fait la base; c'est la représentation & la pein-
» ture vive d'un fanfaron & d'un lâche qui se vante im-
» pudemment, comme on en rencontre dans la vie com-
» mune. Mais avec cette dose seule, le Chevalier n'offroit
» qu'un être plein de vent & digne de la risée de tout le
» monde; & quand une fois on auroit été rassasié de ses
» pointes, on l'auroit trouvé dégoûtant & odieux. Mais ici
» le génie inimitable de Sir *John* vient à son secours, &
» donne à son caractère une nouvelle vie, un nouvel éclat;
» on lui pardonne sa poltronnerie en faveur de son esprit;
» ou nous aimons d'autant plus sa poltronnerie, qu'elle
» fournit à son esprit l'occasion de se montrer. En un mot,
» dès que le Chevalier paroît, notre penchant à la gaieté est

» remué par sa figure grotesque, par son épaisse rondeur;
» on sent, on reconnoît qu'il est le sujet le plus propre
» qu'il soit possible d'imaginer pour faire naître la joie;
» mais quand, un instant après, on le voit prendre des
» mesures pour se mouvoir & agir, avec sa pesanteur
» apparente, notre attention redouble, & nous sommes
» curieux de l'observer jusqu'à la fin de ses aventures:
» notre imagination prévoit d'avance les embarras où il va
» tomber. Pendant tout le tems que nous l'accompagnons,
» il nous intéresse de plus en plus à ses adversités par la
» prévention flatteuse qu'il a de sa valeur & de son pou-
» voir, & par les jactances gaies qu'il fait de ses grands
» talens & de ses qualités; de sorte qu'à la fin, quand il
» se tire mal d'affaire, notre attente est complétement
» satisfaite, & nous jouissons du plaisir parfait de voir
» toute son éclatante réputation s'évanouir comme la
» poussière. Du milieu de son malheur, il se relève encore
» au lieu d'en être abattu, par la force singulière de son
» génie, & il commence, avec un courage frais, une
» nouvelle carrière. Nouvelle défaite, dont il se relève
» pourtant encore, & triomphe plus que jamais par l'es-
» pérance qu'il ne perd point, & par ses fanfaronades.
» Il reparoît pour la troisième fois, & toujours ainsi de
» suite; toujours découvert, toujours attrappé, & se
» retrouvant toujours en état de sortir à la fin d'embarras,
» par son génie inépuisable & inventif; c'est ainsi que
» notre amusement se soutient jusqu'au bout. De plus, la
» noblesse de Falstaff contribue à soutenir son caractère,
» & empêche qu'après plusieurs événemens malheureux,
» il ne tombe trop bas; d'ailleurs, en faveur de son rang
» & de son âge, on lui accorde le privilége de conduire
» la file, & d'en laisser d'autres en arrière en beaucoup

» d'occasions, ce qui fait qu'il ne nous paroît pas trop
» révoltant. La faine raifon qu'il poffède, vient encore à
» fon fecours, & l'empêche de devenir trop méprifable,
» en arrachant notre eftime pour fes qualités réelles. Une
» chofe qui mérite encore d'être remarquée dans Falftaff,
» c'eft que la ftructure de fon corps convient parfaitement
» à fon caractère, au point que nous voyons fans ceffe un
» rapport conftant de l'une à l'autre, d'où naît une fuite
» non interrompue d'allufions & de gaieté, foit qu'ils con-
» traftent, foit qu'ils concourent enfemble. Sir John
» Falftaff a de la générofité, de la gaieté, de la pénétra-
» tion, de l'invention, & une imagination vive, au-deffus
» de tous les autres hommes. La ftature de fa perfonne
» eft déja l'image du contentement & de la bonté ; il eft
» heureux pour fon compte, & il nous rend heureux
» auffi. Si on l'obferve de plus près, on ne lui trouve ni
» orgueil, ni réferve, ni méchanceté, ni vice fecret ;
» toutes fes penfées font dirigées vers la joie & le plaifir.
» Le Chevalier n'a pas non plus de deffeins particuliers ;
» quand il veut paffer pour un homme actif & coura-
» geux, il eft aifé d'excufer en lui une foibleffe fi peu
» dangereufe & qui nous procure tant d'amufement. Si
» l'on affemble tous ces ingrédiens qui le compofent, il
» eft impoffible de haïr l'honnête Jean Falftaff ; fi l'on
» confidère fes qualités féparées, l'on ne fauroit s'em-
» pêcher de lui vouloir du bien. C'eft le gai, le fpirituel,
» le jovial, le gras & l'heureux Falftaff, le plus agréable
» fanfaron du monde. Il faut l'aimer pour l'amour de
» lui-même, & en même-tems pour fes talens ; & quand
» on a joui de lui, la reconnoiffance force à la bien-
» veillance. Son bon efprit & fes foibleffes ont notre plaifir
» pour but ; & il eft impoffible d'être trifte ou mécon-
» tent en fa compagnie.

» Ben Jonson a dans ses caractères des saillies de
» gaieté précieuses. Il est plein de correction, de péné-
» tration, d'adresse & de vérité. Mais les caractères qu'il
» met sur la scène sont d'une espèce satyrique, désagréable
» ou méprisable. Il y a dans tous quelque chose d'odieux ;
» & quand, par leur découverte ou leur punition, on
» est satisfait, on est extrêmement fatigué & ennuyé
» de leur méchanceté. Shakespéar, au contraire, outre
» la gaieté propre au caractère de Falstaff, l'a empêché
» de nous être à charge par ses importunités, en lui
» donnant un rang & de la noblesse ; d'être méprisable,
» en lui donnant de l'esprit & de bonnes qualités ; d'être
» odieux, parce que ses projets sont peu dangereux ;
» enfin d'être fatigant, par son esprit inimitable, & par
» ses saillies bouffonnes, neuves & toujours gaies. Le
» secret de porter la Comédie au plus haut degré de
» l'amusement, consiste à marquer les caractères des
» Personnages par des qualités & des foiblesses, telles
» qu'on les aimeroit dans ses amis dans la vie commune.
» Car on peut se divertir d'abord de la nouveauté d'un
» caractère & de ce qu'il a de ridicule, mais son entête-
» ment, son indécence, après quelque réflexion, com-
» mence pourtant à devenir dégoûtante, & bientôt
» après nous inspire de l'aversion ; parce qu'il est reçu
» que celui qui n'est pas tolérable comme un compagnon
» accidentel dans la vie commune, ne peut jamais, par
» les mêmes raisons, devenir sur le Théâtre un caractère
» comique. Tous les caractères bien frappés plaisent avec
» justice, mais pas tous au même degré ; Jonson a rendu
» la folie & le vice ridicule dans ses scènes comiques.
» Shakespéar a mis la joie & la gaieté sur la scène.

» L'Alchymiste

» l'*Alchymiste Volpone*, & la *Femme Tranquille* de Ben
» Jonſon, ſont de belles ſatyres; les Pièces comiques
» de Shakeſpéar ſont des chefs-d'œuvres de raillerie &
» de bonne humeur. Jonſon cache quelque leçon ſous
» chaque caractère, & Shakeſpéar quelque nouvelle
» eſpèce de foibleſſe & de ſingularité. Le premier a manié
» l'art de la ſatyre avec l'habileté d'un maître; l'autre
» eſt inimitable dans l'art de toucher les cordes de la
» gaieté.

» Shakeſpéar ſait ménager notre faveur. Son Juge *Schal-*
» *low* s'éloigne, avant qu'il inſpire le dégoût. Dans les
» Femmes joyeuſes de Windſor, le Docteur François & le
» Curé Gallois, quittent la ſcène pleins de vivacité & de
» gaieté. L'Enſeigne *Piſtol* ſe tire à la vérité fort mal;
» cependant il ſe recueille, & menace encore toujours
» d'une ſi bonne grace, qu'on ſouhaiteroit plus long-
» tems ſa préſence: il eſt impoſſible d'être las ou mé-
» content de Falſtaff, toujours gai, jamais fané, &
» toujours jeune «.

Les Auteurs de la Biographie Britannique penſent, que l'Auteur des Remarques qu'on vient de lire, eut principalement en vue la première partie d'Henri IV; car auſſi-tôt que Sir *John* vient à ſe livrer à des fourberies ou à des excès de libertinage, il eſt différent du Falſtaff, qui eſt décrit ici, & dont le caractère eſt parfaitement aimable. En général, ce Critique me paroit trop ébloui du jour trop avantageux ſous lequel il regardoit ce caractère; d'ailleurs comment auroit-il pu ſonger aux eſpiegleries & aux extravagances de Falſtaff, & trouver ſes actions moralement bonnes?

J'ai bien peur que pluſieurs Lecteurs Allemands ne

Tome VIII. e

trouvent pas dans ces scènes joviales, à beaucoup près, le goût que la Nation Angloise y chérit. C'est, sans doute, la Traduction qu'il en faut accuser en partie ; elle a sur-tout ici plus besoin d'indulgence qu'ailleurs. Un grand nombre de tirades, de saillies & d'expressions sont si inséparablement liées avec le génie propre de la langue Angloise, qu'elles perdent nécessairement beaucoup en passant dans toute autre langue. D'un autre côté, il y a tant de choses dans ce goût qui dépendent de la façon de penser de chaque homme, & souvent de sa situation dans le moment où il lit ces scènes. » Il n'appartient pas à tout
» le monde, dit *Sterne*, d'être disposé comme il le dé-
» sireroit ; c'est un don de la Divinité ; & de plus, un
» Lecteur qui sent, apporte toujours avec lui la moitié
» de l'intérêt qu'il trouve dans le livre. Ce qu'il lit, ne
» fait que lui rappeller ses propres idées ; c'est comme s'il
» se lisoit lui-même, & non le livre «.

Les craintes qu'éprouvoit M. Eschemberg pour ses Lecteurs, je dois les ressentir pour les Lecteurs François, & avec encore plus de raison que lui. Car notre langue est bien plus délicate, bien plus dédaigneuse, bien moins populaire que l'Angloise ou l'Allemande ; l'*humour*, qui, pour les Anglois, est le premier mérite d'un Auteur, ne ressemble point à ce qu'un François appelle *esprit*. Loin de sentir tout ce que ce mot leur inspire, à peine avons nous pu encore nous en former une idée claire & précise. Quand on ne peut définir, il faut décrire ; & pour faire concevoir toute l'énergie de ce mot *humour*, tout ce qu'il exprime pour un Anglois, & ce qui fait la base du caractère de Falstaff, je vais insérer ici un chapitre tiré du *Gardien*, très-propre à en développer le sens & la force.

» C'est une observation juste & connue, que les naturels de cette Isle, dans la différence des rangs, des fortunes & des emplois, ont infiniment de bon sens, & beaucoup plus peut-être qu'aucun autre peuple; & que de plus, il n'y a guère d'Anglois, pour peu qu'il ait d'idées & de vivacité, qui n'ait une tournure singulière d'esprit, une certaine humeur originale qui le distingue de son voisin. La même mesure d'intelligence, les mêmes qualités, les mêmes défauts, se montrent dans un homme sous un aspect tout différent de celui qu'ils offrent dans un autre. C'est ce qui rend une connoissance entière & parfaite de la langue Angloise, aussi impossible aux étrangers, qu'il le seroit pour eux d'apprendre le Chinois, dont chaque mot a son signe & son caractère propre. Je ne puis mieux définir cette veine d'*humour* si ordinaire dans mes Compatriotes, qu'en l'assimilant à ce que les François appellent dans leurs vins le *goût du terroir*. Ils entendent par cette expression la saveur & le goût différent & marqué que la même grappe de raisin contracte dans les différens sols où elle a été plantée. Ce trait distinctif, cette empreinte nationale est visible parmi nous dans tous les rangs & tous les degrés de la société, & depuis les personnes de la plus haute noblesse & du goût le plus fin & le plus poli, jusqu'aux hommes du peuple les plus ignorans & les plus grossiers, chacun a son caractère particulier. Chaque artisan a sa manière de concevoir & sa tournure d'expression, son genre d'imagination a lui, comme un signe caractéristique, qui le distingue de tous les autres confrères de la même profession, ainsi que de la foule des artisans d'une autre classe. Nous avons un Marchand d'allumettes, qui, après avoir commencé par deux simples notes, qui formoient son cri journalier, est parvenu à se rendre maître de toute l'octave, & donne à présent chez lui de fréquens concerts pour son amusement & celui de ses amis. Il y a un autre original renommé par son hospitalité, qui demeure dans une chaumière sur la route qui mène à Hampstead, & qui gagne une fortune immense à fournir aux passans, les jours de Fêtes, de la bière, de l'eau-de-vie, des pipes, du tabac, du poivre, des pommes, des poires & autres menus rafraîchissemens, & qui tous les jours ouvrables prend l'air dans sa chaise, & se donne tous les plaisirs du beau monde. Les coryphées de notre populace, que nous qualifions du titre de *Ring-leaders*, (chefs de la bande joyeuse,) ont un fonds inépuisable de sarcasmes & de bons mots. Tels sont aussi nos Matelots, tant de mer que de rivière; & jusqu'à nos mendians des rues, ne sont pas sans leurs singularités, que nos Grammairiens appellent du nom d'*Oddities*. L'autre jour un gueux tout déguenillé me suivit, en disant: » un quart de sol ou un demi-sol, de votre Grace; & je prendrai la liberté de prier pour vous «.

Shakespéar, grand copiste de la nature, toutes les fois qu'il introduit sur la scène, des artisans, des caractères bas & populaires, ne manque jamais de les marquer d'une dose abondante & caractéristique de cet esprit bouffon & jovial: on en a vu un exemple dans la scène des Fossoyeurs d'Hamlet.

Cette singularité de tempérament, générale parmi les Anglois, peut nous faire paroître bizarres aux yeux des Etrangers; mais elle est pour nous une source intarissable & variée d'amusement; elle diversifie nos conversations par une foule de saillies de tout genre, qu'on ne trouvera chez aucune autre Nation. Guillaume Temple, dans son Essai sur la Poésie, tâche d'expliquer la variété de l'*humour*

Britannique; & voici les causes qu'il lui assigne. » Cela peut venir, dit-il, de la fertilité naturelle de notre sol, des inégalités de notre climat, comme aussi de la douceur de notre Gouvernement, & de la liberté de montrer nos opinions, nos factions, qui n'existent peut-être pas moins chez nos voisins, mais qu'ils sont forcés de dissimuler, de déguiser, & qui par-là s'éteignent avec le tems. Voilà pourquoi nous avons plus d'originaux & plus d'hommes qui se montrent tels qu'ils sont. Nous avons plus de cet *humour*, parce que chacun se livre à son humeur, & se fait un plaisir, & peut-être un point d'honneur de la montrer librement. Au contraire, quand le peuple est généralement pauvre, & condamné à un travail assidu & pénible, leur action & leur vie sont toutes d'une couleur & d'une seule pièce. S'ils servent des maîtres durs, ils sont obligés de suivre leur exemple autant que leurs ordres; de les imiter dans les petites choses, comme de leur obéir dans les grandes: en sorte que certaines Nations ne présentent qu'une seule & même physionomie, comme si tous les individus avoient été jettés dans le même moule, ou taillés sur le même patron. Il y a encore parmi nous une autre espèce de variété, qui dérive spécialement de notre climat & de ses influences particulières sur l'homme. Non-seulement nous sommes plus différens les uns des autres, que dans aucune Nation que je connoisse, mais nous ne nous ressemblons pas davantage à nous-mêmes dans des tems différens; & nous devons à notre atmosphère quelques mauvaises qualités, parmi les bonnes dont nous lui sommes redevables «.

L'Angleterre est peut-être le seul pays du monde où chaque individu, riche ou pauvre, ose avoir une humeur à lui, & l'avouer dans toutes les occasions. Je ne doute nullement que ce ne soit à cette grande liberté de suivre notre tempérament & à cette manière de vivre sans gêne ni contrainte, que nous devons en grande partie la multitude des génies brillans, qui s'élèvent de tems en tems chez nous dans les Arts & les Sciences, pour l'avantage & l'ornement de la vie. Cette franche & généreuse disposition d'esprit, ne manquera jamais d'entretenir dans un peuple une aversion constante pour l'esclavage, & d'être, pour ainsi dire, le ferme rempart de ses libertés. Aussi long-tems que cette libre effusion de son esprit & de son humeur continuera parmi nous, & que nous conserverons notre tournure particulière de penser, de parler & d'agir, il est probable que cette Nation ne pardonnera jamais à un Despote usurpateur.

IV.

Sur la seconde Partie du Roi Henri *IV.*

Cette seconde partie est très-étroitement liée avec la première : l'histoire commence dans l'une au point où elle a fini dans l'autre ; & la longueur qu'auroit occasionné la liaison de ces deux pièces, semble seule avoir donné lieu à ce partage. Les personnages sont en partie les mêmes, & les caractères sont fidélement soutenus.

Les traits historiques qui se présentent dans cette seconde partie, embrassent un laps de tems d'environ neuf années. On se rappelle que le Comte de Northumberland ne put aller au camp, retenu par une maladie ; il en guérit, & il étoit sur le point de s'unir, à la tête d'une armée, avec son fils *Hotspur*, lorsqu'il apprit la nouvelle de la malheureuse bataille de *Schrewsbury*, & celle de la mort de son fils. Ces malheurs, joints à la résistance que lui fit le Comte de Westmorland, le déterminèrent à changer de projet. Il alla trouver le Roi à York, prétexta qu'il n'avoit eu en vue que la réconciliation des deux partis, demanda sa grace, & l'obtint.

Le Comte de Nottingham, fils du Duc de Norfolk, & l'Evêque d'York, suscitèrent une nouvelle révolte contre Henri. Leur projet étoit de se réunir avec le Comte de Northumberland contre le Roi. Westmorland alla au devant d'eux ; & comme son armée étoit trop foible, il leur demanda un entretien au milieu des deux armées ; se fit exposer tous leurs griefs contre le Roi, & la manière dont ils desiroient qu'il y fût remédié ; consentit en appa-

doute nullement que ce ne soit à cette grande liberté de suivre notre tempérament & à cette manière de vivre sans gêne ni contrainte, que nous devons en grande partie la multitude des génies brillans, qui s'élèvent de tems en tems chez nous dans les Arts & les Sciences, pour l'avantage & l'ornement de la vie. Cette franche & généreuse disposition d'esprit, ne manquera jamais d'entretenir dans un peuple une aversion constante pour l'esclavage, & d'être, pour ainsi dire, le ferme rempart de ses libertés. Aussi long-tems que cette libre effusion de son esprit & de son humeur continuera parmi nous, & que nous conserverons notre tournure particulière de penser, de parler & d'agir, il est probable que cette Nation ne pardonnera jamais à un Despote usurpateur.

rence à tout, & leur promit pleine fatisfaction de la part de Henri : enfuite il propofa de licencier les deux armées. York & Nottingham le firent fur le champ ; alors Weſt-morland les fit arrêter tous deux, & les conduifit devant le Roi, qui accouroit à fon fecours. L'Archevêque, fans autre forme de procès, fut exécuté ; le Comte de Nottingham eut le même fort.

A cette nouvelle, le Comte de Northumberland fe réfugia en Ecoffe avec le Lord *Bardolph* ; & le Roi prit fans difficulté poffeffion de leurs biens & de leurs pays. Ils fe tournèrent enfuite vers le Nord, cherchèrent à y foulever le peuple ; mais ils furent tués tous les deux par Sir Thomas *Rekesby*, dans un combat près de Bramham. Glendower mourut auffi peu de tems après.

Henri, dans les dernières années de fon règne, fit un traité avec le Duc de Bourgogne, qui étoit toujours en méfintelligence avec le Duc d'Orléans, & il fe propofoit de profiter des troubles de la France. La mort interrompit fes projets de conquête. Il mourut à Weſtminſter dans la quarante-fixième année de fon âge, & la treizième de fon règne.

Le Prince de Galles avoit jufqu'alors vécu éloigné de fon père ; d'abord, par les foupçons & par la jaloufie de Henri, qui le jugeoit trop vif & trop remuant, & ne fe croyoit pas en fûreté contre fes entreprifes ; il l'exclut de toute affaire politique & militaire. Le caractère bouillant du Prince s'abandonna dès-lors à toutes les débauches & les folies de la jeuneffe ; il vécut dans la plus mauvaife compagnie, ce qui n'empêcha pas qu'il ne confervât toujours un cœur noble & droit ; il le prouva par fa conduite, lorfqu'il monta fur le trône après la mort de fon père.

De toutes les pièces de Shakefpéar, dit Johnfon, il
n'en

DES PIECES HISTORIQUES. xlj

n'en eſt aucune qu'on liſe auſſi ſouvent que la première & la ſeconde partie de Henri IV. Jamais Auteur peut-être n'a fait entrer tant de gaieté dans deux pieces dramatiques. Les principaux événemens ſont intéreſſans; la deſtinée de pluſieurs Royaumes en dépend : les moins importans ſont amuſans , & ſi l'on en excepte un ou deux , ils ſont tous aſſez vraiſemblables. L'action eſt multipliée par une admirable fertilité d'imagination , & les caractères ont une variété qui décèle la plus grande fineſſe de jugement & la plus grande habileté dans la connoiſſance des hommes.

Quant au caractère du Prince , qui fait le principal perſonnage , tant dans la partie tragique que dans la partie comique de ces deux pièces, nous en avons déja parlé dans la première partie : je ne ferai ici qu'ajouter quelques réflexions de Johnſon. »C'eſt , dit-il , un jeune Prince doué de grands talens & de paſſions violentes ; ſes intentions ſont droites, quoique ſes actions ne le ſoient pas ; ſes vertus ſont ternies par la négligence , & ſon génie ſe diſſipe par la légéreté. Dans ſes momens d'oiſiveté , il eſt plus inconſidéré que méchant ; & quand ſes bonnes qualités cachées ont occaſion de paroître à la lumière , il eſt grand ſans effort , & brave ſans oſtentation. Quand l'occaſion l'excite , il ſe montre un Héros ; le Héros ſe repoſe enſuite & redevient nonchalant. Ce caractère eſt grand , original & vrai «.

Le ſort de Falſtaff finit d'une manière conforme à ce que dit l'hiſtoire du procédé du jeune Roi envers ſes anciens amis & ſes camarades de plaiſir. Par-là, Shakeſpéar eſt juſtifié du reproche que lui fait *Rowe*, un de ſes anciens éditeurs , que le traitement du Prince envers Falſtaff eſt trop dur & doit choquer le Spectateur. Quand ce trai-

Tome VIII. f

tement ne feroit pas fondé fur l'hiftoire, il eſt très-conforme à la juſtice morale & poétique; d'ailleurs le Poëte n'a pas oublié la circonſtance rapportée par les Hiſtoriens, que le nouveau Roi ne renvoya pas ſes anciens amis ſans honneurs & ſans préſens. On pourroit, avec Johnſon, ſouhaiter au pauvre *Poins* un meilleur fort, ou du moins un fort plus décidé. Il finit par diſparoître, ſans qu'on ſache ce qu'il eſt devenu; ſans doute que Shakeſpéar l'oublia comme par dédain, au milieu de la multitude de ſes caractères, & preſſé par le déſir qu'il avoit de mettre fin à ſa Pièce.

V.

Sur Henri V.

Les événemens historiques, qui font la base de cette Pièce, commencent vers la fin de la première année du règne de Henri V, & vont jusqu'à la huitième, époque où il épousa la Princesse Catherine; mariage qui fut la source des sanglantes querelles qui suivirent entre l'Angleterre & la France.

Henri V, surnommé *Henri de Monmouth*, monta sur le trône, & fut couronné en 1413. Son premier acte de Roi fut de mander ses anciens camarades de jeunesse; il les exhorta, d'une manière très-pathétique, à renoncer à leurs vices & à leur conduite honteuse; & après leur avoir fait à chacun de riches présens, il leur défendit, sous peine d'encourir sa disgrace, de jamais reparoître à la Cour. Ensuite, il se choisit un conseil, composé des hommes les plus sages & les plus habiles qu'il put trouver dans ses sujets; renvoya tous les Juges qui avoient abusé de leur autorité; continua ceux qui méritoient de l'être, & entr'autres le Magistrat Gascoigne, qui l'avoit fait arrêter, lorsque, n'étant que Prince de Galles, il l'avoit insulté dans sa Cour de justice. La plus grande tache à son caractère fut la persécution des sectateurs de Vicleff; mais il obéissoit plutôt à la superstition de son siècle, qu'à son penchant naturel. Sous le règne précédent, le Parlement avoit déja formé le projet de s'emparer des biens temporels de l'Eglise, & d'en faire un trésor durable de subsides pour le Roi, le peuple étant d'ailleurs très-fatigué de ces subsides. Le projet fut renouvellé sous Henri V,

& le Clergé en fut singuliérement alarmé. L'Archevêque de Cantorbery, pour détourner les pensées du Roi de cet objet, lui suggéra l'idée d'une guerre avec la France. Henri s'occupa donc du soin de reconquérir tout ce qui avoit été perdu en France; profitant des troubles qui y régnoient alors, & fier de l'alliance secrette & de la perfidie du Duc de Bourgogne, il demanda la restitution de la Normandie & de tout ce qui avoit été cédé à Edouard III, la Princesse Catherine en mariage, deux millions d'écus pour dot, & le reste de la rançon du Roi Jean.

Sa demande ne fut pas écoutée. Comme il étoit sur le point de passer la mer, il se découvrit une conspiration contre lui, qui coûta la vie au Comte de Cambridge, à Scroop, Lord Trésorier, & à Thomas Gray, son Conseiller privé. On conjectura qu'ils avoient été poussés à ce complot par l'or des François. (Heureusement que les conjectures ne sont pas des preuves, & sur-tout les conjectures des Anglois contre la France; il se commet rarement un grand crime à Londres, une grande perfidie, qu'on n'en fasse honneur aux François, aux Papistes, &c. Leur Isle, si on les en croit, ne produit nécessairement que des vertus; tout le mal vient de l'étranger.) Après l'exécution des coupables, Henri s'embarqua en 1415, descendit au Havre, prit Harfleur, après une vigoureuse résistance; mais, forcé par l'excès de la chaleur, & la maladie de son armée, de repasser en Angleterre, faute de vaisseaux de transport, il fut obligé d'aller par terre à Calais; il fut bien étonné de rencontrer près de la Somme l'armée Françoise. La bataille se livra à dix heures du matin & dura jusqu'à cinq heures du soir dans le mois d'Octobre. Les François, qu'on disoit monter à cent mille hommes, furent défaits. Le Connétable d'Albret, qui la commandoit, le Duc d'Alençon y furent tués avec dix mille soldats (*). Henri y perdit le Duc d'York, le Comte de Suffolk, quelques Chevaliers, & environ quatre cents hommes. Les Ducs d'Orléans & de Bourbon furent du nombre des prisonniers. Cette bataille fut appellée *la bataille d'Azincourt.*

La guerre civile désoloit de plus en plus la France; Henri en profita, fit de grands & faciles progrès; & en 1419, Rouen se rendit à lui (**). Il prit Pontoise, qui lui ouvrit le chemin jusqu'aux portes de Paris. La guerre fut terminée par le traité de Troyes, dont les conditions furent la Princesse Catherine en mariage, le titre de Roi de France pour sa vie, la possession du Royaume pour lui & sa postérité, & la régence pendant la vie de Charles VI, dont l'esprit affoibli & malade étoit incapable de gouverner. Le mariage fut aussi-tôt

―――――――――――――――――――――

(*) Nos Historiens n'en comptent que six mille. Apparemment que les Anglois comptent dans leur nombre les prisonniers que Henri commanda à un Officier, avec deux cents Archers, d'aller égorger, de rang en rang, de peur qu'ils ne s'échapassent, si l'action recommençoit. Le Duc de Brabant & le Comte de Nevers, frères du perfide Duc de Bourgogne, furent du nombre de ces victimes.

(**) Je doute, dit Saint-Foix, que l'Histoire Grecque ou Romaine fournisse l'exemple d'un siège soutenu avec tant de courage, de fermeté & de dévouement à la Patrie. On peut lire dans l'Histoire ces détails si attendrissans. Henri, pour faire acte de Souverain, voulut faire pendre trois ou quatre des plus braves Citoyens. C'est ainsi que ce Héros des Anglois aimoit la vertu! Deux se rachetèrent par le mérite de l'or, auquel il étoit sensible. Le troisième, le généreux Blanchard, fut décapité. ,, Je n'ai pas de bien, disoit ce brave Normand en allant à la mort, mais quand j'en aurois, je ne l'emploierois pas pour empêcher un Anglois de se déshonorer ".

célébré; Henri repassa avec sa Reine en Angleterre. Le Parlement assemblé en Mai lui accorda un subside pour continuer la guerre contre le Dauphin, & en même-tems représenta au Roi que la conquête de la France devenoit la ruine de l'Angleterre. Henri repassa en France au mois de Juin 1421, fit lever le siége de Chartres, prit Dreux, & ensuite Meaux, tint sa Cour à Paris, & se mit en marche pour joindre le Dauphin; mais il tomba malade, & mourut à Vincennes à trente-un ans, en 1422, d'un mal qu'on appelloit alors *le mal Saint-Fiacre*, & qui n'étoit, dit-on, que la fistule; il laissa un fils de Catherine.

D'une taille élancée, avec des formes élégantes, Henri V fut le plus souple de son tems; il surpassoit tous ses rivaux dans tous les exercices du corps & des armes; il étoit entreprenant, patient, laborieux, & plus dur à la fatigue de toute espèce, qu'aucun soldat de son armée. Sa politique égaloit son courage; il connut l'art d'exciter des dissentions parmi ses ennemis, pour en profiter. Il eut un génie naturel, qui se développa de lui-même, sans le secours de l'instruction ni de l'expérience; & un fonds riche de sagacité, lui aida à se passer des secours de l'art. Chaste, sobre & modéré, il fut juste dans son administration, & sévère dans la discipline militaire de son armée; il savoit trop que c'est la discipline qui est la mère de la gloire & des succès. En un mot, il n'eut point, de son tems, d'égal dans l'art de la guerre (*), du cabinet & de l'administration.

(*) Si, sans compter les actes de férocité, on reprenoit, sur sa gloire, ce qu'il en dut à la perfidie & aux secours puissans du Duc de Bourgogne, & aux malheureuses divisions de la France, le Héros resteroit maigre & décharné, & il n'a paru un Achille, que parce que des Moines ont été ses Ho-

Shakespéar (dit M. Eschemberg), a encore, dans cette Pièce, suivi très-fidélement la chronique de *Holingshed*. Plusieurs épisodes, qui n'ont pas été écrites par de meilleurs Historiens, sont empruntées de là, ainsi que le discours de l'Archevêque de Cantorbery, dans le premier Acte, où il parle au Roi de ses droits sur la France; la condamnation des Conjurés, & la réponse de Henri aux Ambassadeurs que les François lui envoyèrent après la prise de Harfleur. Seulement *Holingshed* & *Hall* ne font aucune mention du message insultant que le Dauphin envoie à Henri dès le commencement du premier Acte, ni du présent de Ballons, qu'il lui fait en le raillant. Il est probable que Shakespéar a tiré cette circonstance d'une ancienne Ballade, que Madame Lenox rapporte en entier; je n'en citerai que quelques strophes.— Henri a envoyé des Ambassadeurs au Roi de France, pour soutenir ses prétentions contre lui :

<blockquote>
Et le Roi de France & son Conseil, [*dit la Ballade*]
Lorsqu'ils entendirent le message,
Répondirent avec raillerie & insulte
Aux braves Ambassadeurs.

,, Votre Roi est encore trop jeune,
Et dans un âge encore trop tendre :
Nous ne le jugeons pas propre à la guerre,
Et nous ne craignons point ses menaces.
</blockquote>

---

mères. Dès que les François cessèrent de combattre les uns contre les autres, les Anglois furent chassés du Royaume, & il ne leur resta que Calais, qui, pris en onze mois par Edouard III, fut repris en huit jours par le Duc de Guise, malgré l'inscription que l'on trouva, dit le Père Daniel, sur une des portes : *Les François reprendront Calais, quand le plomb nagera sur l'eau, comme le liége.*

De la guerre & des armes
Il ne peut avoir grand ufage ;
Ses membres délicats ne font bons
Qu'à frapper une balle.

Ainfi, que fon fier courage
Accepte un tonneau rempli de balles,
Que lui envoie notre illuftre Roi,
Pour récompenfer fa peine ".

Lorfque Henri reçut cette réponfe,
La colère s'empara de fon cœur.
Il dit : Les balles que je frappe
Se feront fentir de toute la France, &c.

Cette pièce a de grandes beautés : Henri V, principal perfonnage, nous intéreffe en fa faveur, & excite toute notre admiration. Le cinquième Acte feul me paroît inférieur aux quatre premiers, & le ton avec lequel Henri demande Catherine, ne me paroît pas digne du grand caractère qui, jufques-là, a été fi heureufement foutenu. Johnfon obferve avec juftice que l'air de l'inexpérience dans la galanterie & la politeffe que Henri fe donne vis-à-vis de Catherine, ne s'accorde guère avec les folies de fa jeuneffe, avec la connoiffance qu'il a acquife des hommes, ni avec la réponfe méprifante que lui fait le Dauphin, qu'il eft plus propre à briller au jeu de balle que dans un champ de bataille, & qu'il n'efpère pas prendre des Duchés en folâtrant, ni des Provinces en danfant. Peut-être la difette de matériaux pour le cinquième acte a-t-elle été caufe que le Poëte s'eft contenté de ce qui lui eft venu d'abord à l'efprit. Ici Madame Lenox n'a pas tout-à-fait tort, quand elle dit : On croit plutôt entendre un fimple foldat dans ces fcènes, demander une fille de payfan en mariage,

qu'un

qu'un Roi d'Angleterre qui demande une Princeſſe de France.

La conjecture de Johnſon ſur Falſtaff, dont on raconte la mort dans cette pièce comme étant arrivée durant l'action, me paroît moins fondée. Il croit que ſi Shakeſpéar'ne l'a pas fait venir ſur la ſcène, c'eſt par inadvertance, & qu'il a oublié la promeſſe qu'il a faite dans l'épilogue de la ſeconde partie de Henri IV; que cet oubli avoit peut-être engagé la Reine Elizabeth à ordonner au Poëte de remettre Falſtaff au théatre, & de l'inférer dans une intrigue amoureuſe. Si cette tradition eſt juſte, on ne peut pas admettre que cet épilogue ait été fait avant que le Poëte ait reçu cet ordre, qui lui fit peut-être venir l'idée de travailler ce caractère dans une Comédie. Il eſt à propos de lire cette Comédie *des joyeuſes Commères de Windſor* entre les pièces de Henri IV & de Henri V, ſi l'on veut ſuivre l'hiſtoire du Chevalier Falſtaff juſqu'à ſa mort.

Capell & Steevens parlent d'une autre pièce de Henri V, qui doit avoir été faite du vivant de Shakeſpéar ; on ne ſauroit trop aſſurer, ſi ce fut avant ou après la ſienne. Steevens dit qu'il en a deux copies ; que la première, &, ſuivant toute apparence, la plus ancienne, eſt ſans date ; la ſeconde, qui lui eſt parfaitement ſemblable, eſt de 1617. Il croit pourtant, par pluſieurs raiſons, que cette Pièce eſt plus ancienne que celle de Shakeſpéar. 1.° Parce qu'il eſt très-vraiſemblable que c'eſt cette Pièce mal reçue, à laquelle l'Auteur, dans l'épilogue de la ſeconde Partie de Henri IV, fait alluſion en ces termes : » Car Old-caſtle mourut comme un martyr «. Old-caſtle eſt le Falſtaff de cette Pièce, qui eſt pitoyable, & pleine d'impiétés depuis le commencement juſqu'à la fin. 2.° Si le Prince de Galles, dans Henri IV,

Tome VIII. g

appelle *Falstaff*, *my old lad ofthe castle*, c'est sans doute une allégorie insultante au mauvais succès de cette Pièce; car on ne sauroit démontrer, que notre Auteur ait jamais été forcé de changer le nom d'*Old-castle* en celui de *Falstaff*; quoique d'un autre côté il soit assez prouvé que cette ancienne Pièce a dû être sifflée de tous les Spectateurs qui l'ont vu représenter. Ajoutons encore ce que *Farmer* observe, que *Nash*, dès l'an 1592, fait mention de cette Pièce imprimée cette année, & que ce n'étoit même pas pour la première fois; & que, dans les discours badins (Jests) de *Tarlton*, ancien Comédien, il est dit, qu'il avoit été très-fameux dans le rôle de *Rüpels* de Henri V. Ce rôle se trouve dans l'ancienne Pièce, & non dans celle de Shakespéar. Au reste, l'ancienne n'est divisée ni en actes ni en scènes, & elle est extrêmement courte, & paroît n'être qu'une copie imparfaite prise durant la représentation. Malgré plusieurs changemens & imitations de la Pièce de Shakespéar, parmi lesquelles celle d'Aaron Hill, *Londres*, 1723, *in*-8°. est la plus remarquable, la Pièce originale s'est toujours maintenue sur le Théâtre, & y a toujours reçu les plus grands applaudissemens.

VI.

Sur Henri VI.

Henri VI n'avoit que neuf mois, quand il succéda à son père. Il fut aussi-tôt proclamé Roi d'Angleterre & de France; & après la mort de Charles VI, le Duc de Bedfort prit la Régence du Royaume de France. De son côté, le Dauphin se fit couronner à Poitiers. Catherine mourut en 1437 : elle s'étoit remariée, après la mort de Henri V, à Owen Tudor, Noble Gallois, & en avoit eu Henri, Comte de Richemont, qui régna sous le nom de Henri VII. En 1444, on conclut une trêve entre la France & l'Angleterre, trêve qui fut prolongée jusqu'en 1449. Dans l'intervalle Henri épousa Marguerite d'Anjou, & elle & ses Favoris gouvernèrent à leur gré l'esprit du Roi, ce qui causa de grands mécontentemens parmi le peuple Anglois.

Charles VII profita de cette circonstance: sur le refus que lui fit le Duc de Sommerset, alors Régent de la France, de la satisfaction qu'il demandoit pour la surprise de la ville de Langres, par Surienne, Gouverneur de la Basse-Normandie, il tomba sur cette Province avec quatre armées, & la réduisit en moins de deux ans. La Guyenne eut le même sort, & de toutes les vastes possessions que les Anglois avoient en France, il ne leur restoit, en 1453, que la seule ville de Calais. L'Angleterre étoit alors en proie aux factions. Il y avoit deux partis à la Cour; l'un tenoit pour le Duc de Glocester; à la tête de l'autre étoit le Cardinal de Winchester, soutenu de Kemp, Archevêque d'York, & de Guillaume de la Pole, Comte de Suffolck. Le Duc de Glocester étoit extrêmement chéri du peuple ; mais le Cardinal avoit le dessus au Conseil & dans la confiance du Roi, que le Duc de Glocester perdoit de jour en jour. On commença par l'exclure du Conseil, & ensuite du Parlement, qui fut convoqué à Saint-Edmondsbury en 1447; le Duc fut arrêté & renfermé, sous prétexte qu'il avoit le dessein de tuer le Roi & de s'emparer de la Couronne, dessein dont personne ne crut un mot. Le lendemain il fut trouvé mort dans son lit, & l'on ne douta pas qu'il n'eût été assassiné. Le Cardinal mourut un mois après, & eut bien de la peine à quitter le monde & ses immenses richesses. Alors l'Angleterre fut gouvernée par la Reine & par Suffolck au nom du Roi, & il n'y avoit que leurs créatures d'employées. La haine universelle que leur portoit le peuple, réveilla les prétentions du Duc d'York à la Couronne. En 1450 les Communes poursuivirent si vivement Suffolck, que la Reine, pour le sauver, fut forcée de l'exiler ; mais dans son trajet, il rencontra sur la Manche un vaisseau de guerre Anglois, dont le Capitaine lui fit trancher la tête sans autre cérémonie. Edmond Beaufort lui succéda dans la confiance de la Reine : le Duc de Sommerset fut presque aussi odieux au peuple, que l'avoit été le Comte de Suffolck. Le Duc d'York avançoit lentement & avec précaution : d'abord il suscita un Jacques Cade, qui, sous le nom de Jean Mortimer, excita une révolte dans le Comté de Kent, sous prétexte de demander la réforme du Gouvernement : son parti s'accrut au point qu'il fut en état de tailler en pièces un détachement de l'armée du Roi, & d'entrer en triomphe dans Londres, qui lui ouvrit ses portes. Mais abandonné ensuite de ses partisans, il fut pris & mis à mort. A la fin, le Duc d'York, après avoir concerté ses mesures avec ses amis, entr'autres Richard Nevil, Comte de Salisbury, & le Comte de Warwick, la guerre éclata entre les deux Maisons d'York & de Lancastre, sous les deux enseignes de la rose blanche & de la rose rouge, & le sang Anglois coula par torrens dans cette querelle. La première bataille se donna près Saint-Albans en 1455, & l'armée Royale fut entiérement défaite. Le Duc de Sommerset fut tué, & le Roi lui-même fait prisonnier. York affecta de le traiter avec le plus grand respect, & fut nommé Protecteur du Royaume. Il laissa au Roi & à la Reine leur entière liberté; & ce qui en résulta, fut d'être congédié de la Cour lui & ses amis, & demis de son Protectorat. Suivit une réconciliation entre les deux partis; mais elle n'étoit rien moins que sincère, & la discorde se ralluma bientôt. En 1459 le Comte de Salisbury défit les troupes Royales, commandées par le Lord Audley à Bloreheat dans le Shrop-Shire, & Audley y perdit la vie avec 2400 hommes, & ses principaux Officiers. Le 9 Juillet 1460, le Comte de Marche, fils aîné du Duc d'York, gagna une victoire complette à Northampton, & tua dix mille Royalistes. Le Roi fut encore fait prisonnier, & la Reine se retira en Ecosse avec le Prince de Galles. On convoqua un Parlement : le Duc d'York s'attendoit qu'on lui offriroit la Couronne; mais déchu de son espérance, il envoya un mémoire, contenant ses droits au trône. Le résultat fut que le Roi garderoit sa Couronne tant qu'il vivroit, & qu'après sa mort elle seroit dévolue au Duc d'York & à ses héritiers. Cependant le Duc d'York étoit le maître absolu du Gouvernement & de la personne du Roi. La Reine avoit rassemblé 18000 mille hommes; le Duc d'York marcha contre elle avec 5000, espérant que le Comte de Marche viendroit le joindre : mais avant son arrivée, l'armée de la Reine attaqua celle du Duc près Wakefield, en 1460, & la mit en déroute. Le Duc d'York y fut tué, & sa tête plantée sur les murailles d'York, où celle du Comte de Salisbury fut bientôt après apportée aussi : il avoit été pris, & décapité à Pontefract. Le Comte de Rutland, âgé de douze ans, & le second fils du Duc, fut pris dans la déroute & tué cruellement par le Lord Clifford. Malgré ces revers, le Comte de Marche s'avança à la tête de son armée, & défit Gaspar Tudor, Comte de Pembroke, à la Croix de Mortemer, dans la Province d'Herford. Et quoique la Reine eût eu l'avantage sur le Comte de Warwick, près Saint-Albans, & délivré le Roi son époux, cependant la jonction du Comte de Marche, avec le reste des troupes du Comte de Warwick, forcèrent la Reine à se retirer dans le Nord, & le Comte entra comme en triomphe dans Londres, & fut, par les intrigues du Comte de Warwick, proclamé Roi, sous le nom d'Edouard IV.

Henri VI n'avoit aucune des qualités & des vertus d'un Roi; mais il ne fut ni cruel ni vindicatif. Au contraire, il ne pouvoit, sans la plus grande répugnance, consentir à la punition des méchans & des prévaricateurs qui étoient sacrifiés à la sûreté publique; & ce caractère lui fit dévorer & soutenir les affronts personnels les plus atroces, sans qu'il donnât aucun signe de ressentiment. Il étoit chaste, religieux, pitoyable, charitable, & si éloigné de toute méchanceté, que l'Evêque, qui avoit été son Confesseur pendant dix ans, déclara que pendant tout ce tems il n'avoit jamais commis une faute qui méritât ni peine ni refus d'absolution. En un mot, s'il déshonora la Couronne, il auroit fait l'ornement d'un cloître, & il fut plus respectable par les vices dont il fut exempt, que par les vertus qu'il posséda (*).

Les aventures dont le Poëte a fait choix, comprennent une espace de trente années ; mais il n'a employé que les plus remarquables, & il leur a donné une forme dramatique, sans trop s'embarrasser de leur succession chronologique. Ainsi, pour rentrer dans la route que le Poëte a suivie, dit M. Eschemberg, & suivre ses traces, il faut reprendre ici quelques faits, & ajouter quelques circonstances.

Henri V, étant sur son lit de mort, recommanda son fils mineur aux soins du Comte de Warwick ; il laissa au Duc de *Bedfort*, son frère aîné, le Gouvernement de la France, & celui d'Angleterre à son jeune frère, le Duc de Glocester. Le Parlement changea cette disposition ; le Duc de Bedfort fut nommé Protecteur d'Angleterre, & le Duc de Glocester, en son absence : il fut établi à tous les deux un Conseil, qui devoit confirmer leurs décisions. L'éducation du jeune Prince fut confiée à *Beaufort*, Evêque de Winchester, & au Duc de Lancastre.

Cependant la France avoit rassemblé des forces, & continuoit ses entreprises guerrières contre l'Angleterre, qui, appuyée de l'alliance de la Bourgogne, fit une longue résistance. La bataille de Verneuil, en l'an 1423, fut plus favorable aux Anglois qu'aux François, quoique la perte fût considérable des deux côtés. Le Roi de France tomba, après cette bataille, dans l'état le plus désespéré ; mais il se releva bientôt, & il rassembla de nouvelles forces, par le secours des Ducs de Brabant, de Bourgogne & de Bretagne, qui se rangèrent enfin de son côté. Le Duc de Bretagne ne tarda pas à être forcé par le Duc de Bedfort,

---

(*) Il fonda le Collége d'Eton & de Cambridge.

qui s'étoit introduit dans fes Etats, à abandonner cette alliance.

Pour fe frayer un chemin dans la France méridionale, les Anglois s'efforcèrent de prendre la ville d'Orléans; & Bedford confia cette entreprife au Comte de Salisbury. Du côté des François, tout fut mis en ufage pour mettre Orléans dans le meilleur état de défenfe. Salisbury s'approcha de la Ville; quoique fa troupe fût trop foible pour faire un fiége en forme. Il prit plufieurs ouvrages de fortification; mais il fut tué par un boulet de canon, en allant à la découverte. Le Comte de *Suffolck* continua le fiége; il efpéroit réduire la Ville par la famine, & il avoit quelque efpérance d'y réuffir.

Jeanne d'Arc, jeune payfanne du village de Dom-Remi, fur les frontières de Lorraine, pouffée par un enthoufiafme fingulier, & par une infpiration divine, à ce qu'elle croyoit, trouva moyen d'arriver jufqu'au Dauphin, & lui déclara qu'elle fe faifoit fort de fauver Orléans. Elle fe fit accompagner d'une forte efcorte, repouffa en effet les Anglois, & fit fon entrée folemnelle dans la Ville. Les François, fous fa conduite, firent des forties fur les Anglois, les battirent, & délivrèrent la Ville. Suffolck fe retira confus avec fon armée.

Je ne trouve rien dans les Hiftoriens modernes fur la reprife d'Orléans par le Lord Talbot, ni fur le projet de la Comteffe d'Auvergne, de s'emparer de ce Général. Il eft probable que Shakefpéar a pris le fujet de ces fcènes dans les chroniques, fes fources ordinaires, qui peuvent avoir confervé plufieurs circonftances détachées, dont les Hiftoriens modernes n'ont pas parlé, mais où la fable domine fur la vérité. C'eft dans ces chroniques qu'il faut auffi chercher le récit de la première origine de la difpute,

devenue

devenue dans la fuite fi fanglante, des Maifons d'York & de Lancaftre, & l'origine des noms de la rofe blanche & de la rofe rouge donnés aux deux Partis.

La France maintint fes fuccès, & l'Angleterre continua de perdre, dans ce Royaume, une Ville après l'autre. Rouen fut affiégé en 1449. La garnifon de cette place étoit fous les ordres du Duc de Sommerfet, du Comte de Schrewsbury & du Lord Talbot. Les François prirent la Ville à main armée, & la garnifon fut forcée de fe rendre. Talbot fut gardé comme ôtage. Cet événement arriva dix-huit ans après l'exécution de Jeanne d'Arc ; ce ne fut donc pas elle qui livra Rouen aux François.

Dans l'entrevue qui eut lieu à Arras en 1435, le Roi de France, par plufieurs offres avantageufes, attira de fon côté le Duc de Bourgogne, qui envoya en Angleterre un Héraut avec une lettre, par laquelle il renonçoit à fon ancienne amitié.

Le couronnement du jeune Roi Henri VII, fe fit en 1430 à Paris, où le Duc de Bedford avoit tout difpofé pour qu'il y fût reconnu Roi de France.

Ce ne fut que long-tems après, en l'an 1452, que le Lord Talbot fut envoyé en Guyenne, âgé de 80 ans; il fut reçu à Bordeaux, & s'empara encore de plufieurs autres Villes. Mais le Roi de France courut arrêter fes progrès; l'armée Angloife fe trouva trop foible pour réfifter à l'armée qui s'avançoit ; on livra la bataille ; Talbot & fon fils y périrent.

L'armiftice avec la France étoit déja fait, l'an 1443, pour vingt-deux mois.

Treize ans auparavant, la Pucelle d'Orléans, en 1430, vouloit porter des fecours aux affiégés de Compiegne ; mais elle fut prife par les Bourguignons. Le Duc de

Bedford l'acheta du Duc de Luxembourg, & lui fit faire son procès. Plusieurs Prélats tinrent, à Rouen, conseil contre elle, & après beaucoup d'inculpations, que l'on poussa bien au-delà de la vérité, & auxquelles elle répondit avec la plus grande tranquillité, elle fut enfin condamnée au feu, & subit cet injuste jugement sur la place du marché de Rouen.

Le mariage de Henri VI avec la Princesse Marguerite, fut négocié par le Duc de Suffolck en 1443. Son intrigue amoureuse avec cette Princesse n'a nul fondement dans l'Histoire, & a peut-être été empruntée par le Poëte de quelque conte qui étoit alors en vogue ; cependant la chose est très-vraisemblable, & on doit à cette idée, sur-tout dans la seconde partie de cette Pièce, quelques-unes des plus belles scènes.

Je finirai par une observation. On n'a point, de la première partie de cette Pièce, de copie de l'original plus ancienne que celle qui se trouve dans l'Edition *in-folio* des Œuvres de Shakespéar en 1623. Les deux dernières parties étoient déja imprimées séparément en 1600, sous le titre : *The contention of York and Lancaster*. Johnson regarde cette circonstance comme une preuve que les copies de la Pièce avoient été faites furtivement, & qu'elles ne sont pas conformes à l'intention de l'Auteur. Sans doute que la première partie auroit paru avec les deux suivantes, si ce Poëte en avoit été lui-même l'Editeur.

VIII.

Sur la seconde Partie de Henri *VI.*

Cette seconde partie, de ce Drame hiſtorique, contient un eſpace de dix années, depuis le mariage du Roi, qui fut célébré la vingt-troiſième année de ſon règne, juſqu'à la première bataille livrée près de Saint-Albans. Le Poëte ſuit également ici le récit des Hiſtoriens ; ſur-tout Holingshed & Hall. Voici la ſuite des événemens qui font la baſe de ſon Drame.

On ſongea à choiſir une Reine pour Henri VI ; les deux partis, d'York & Lancaſtre, conteſtèrent en rivaux ſur ce choix. Le Duc de Gloceſter propoſa une fille du Comte d'Armagnac ; le Cardinal de Beaufort & ſes amis propoſèrent la Princeſſe Marguerite d'Anjou, fille de René, Roi titulaire de Sicile, de Naples & de Jéruſalem, & l'emporta. Le mariage fut conclu par le Duc de Suffolk, qui contracta ſans aucun pouvoir particulier, ſous la condition que la Province du Maine ſeroit rendue à Charles d'Anjou, oncle de la Princeſſe. Cette condition fut ratifiée, & Suffolk obtint d'abord pour récompenſe le titre de Marquis, & après, celui de Duc. Le Duc de Gloceſter, protecteur & oncle du Roi, manifeſta ſon mécontentement, & s'attira encore davantage l'inimitié du parti contraire & celle de la Reine. Mais il ſe ſoutenoit par la faveur du peuple, qui le défendit quelque tems contre leurs piéges.

Sa femme, fille du Lord Cobham, fut accuſée de magie. On prétendoit qu'elle avoit, de concert avec quelques complices, fait fondre peu-à-peu, auprès d'un petit feu, un portrait de cire du Roi, dans la vue d'affoiblir lentement, par ce moyen sympathique, les forces du Roi & d'abréger ses jours. Cette stupide accusation fut écoutée, & elle fut condamnée à faire amende-honorable dans l'Eglise de Saint-Paul, & à être renfermée ensuite dans une prison perpétuelle.

L'aventure de l'aveugle, qui décèla la foiblesse & la crédulité du Roi & la sagacité du Duc de Glocester, est rapportée d'une manière conforme en tout par les Historiens. Gray cite dans ses notes tout le passage extrait de Grafton, dont Hume l'a aussi tiré. Seulement l'assertion, qu'il étoit aussi boiteux, & la façon dont le Duc Humphrey découvre & punit cette imposture, semblent être de l'invention du Poëte.

Les ennemis du Duc de Glocester cherchoient de plus en plus à le précipiter. On lui ôta la dignité de Protecteur & sa charge dans le Conseil d'Etat; on l'accusa de haute trahison; & malgré sa pleine justification, il fut bientôt après mis en prison: on le trouva le jour suivant mort dans son lit, sans doute par un assassinat ordonné par ses ennemis.

Richard, Duc d'York, fit alors éclater ses prétentions sur la Couronne. Il trouva une foule de partisans parmi la Noblesse, entr'autres, le Duc de Warwick. Sa réclamation fit aussi impression sur l'esprit du peuple. Le combat singulier, qui arriva dans cette occasion entre un Armurier & son Apprentif, se trouve de même dans la Chronique de Grafton, d'où Gray l'a extrait.

La France rompit la trève. La Normandie fut reconquise; Sommerset devoit évacuer Rouen; Harfleur devoit, après quelque résistance, se rendre au Comte Dunois; les troupes auxiliaires d'Angleterre arrivèrent trop tard,

& furent battues par le Comte de Clermont. Enfin, l'Angleterre perdit toutes les possessions qu'elle avoit en France. Ajoutez les révoltes fréquentes en Irlande.

Le Duc de Suffolk qui, depuis long-tems, s'étoit rendu odieux au peuple, le devint encore davantage dans ces malheureux événemens, dont on rejetta la faute principalement sur lui. Les plaintes devinrent si fréquentes & si pressantes contre lui, que le Roi se vit à la fin obligé de le bannir pour cinq ans du Royaume. Il arriva, probablement par le complot de ses ennemis, que dans son trajet en France, il fut pris près de Douvres par un Capitaine de vaisseau, qui lui fit trancher la tête. Shakespear s'écarte ici de l'Histoire, & le fait prendre prisonnier à la côte de Kent par des Corsaires Anglois, qui le tuent.

Quelques-uns imaginent qu'il emprunta cette circonstance, ainsi que les amours de Suffolk & de la Reine, de quelque conte particulier. Peut-être les a-t-il imaginés lui-même.

York, qui étoit en Irlande, espéroit tirer parti du mécontentement du peuple contre la Reine & les Conseillers d'Etat, & il réussit, par ses machinations, à engager un certain *Cade* à s'ériger, sous le nom de Mortimer, en Chef d'une troupe de rebelles. Stafford fut envoyé contre eux ; mais il n'avoit pas assez de troupes & il fut battu. Cade n'en devint que plus audacieux, & perça, avec son armée, jusqu'à Londres. Le Roi fut, pour sa sûreté, emmené à Kennilworth. On laissa entrer Cade à Londres, où il insista principalement sur la mort du Lord-Trésorier Stay, & du grand Sherif Cromer, qu'il fit bientôt après exécuter. Les Bourgeois de Londres eurent à la fin le dessus, & repoussèrent les rebelles.

On mit à prix la tête de Cade, & un certain Iden de Suffex l'obtint.

Le Duc d'York ramaſſa bientôt après une nouvelle armée, marcha avec elle à Londres, & demanda une réforme dans le Gouvernement; mais ſur-tout la dépoſition du Duc de Sommerſet. On fit ſemblant de vouloir le ſatisfaire; on arrêta Sommerſet pour la forme, & York ſe déſiſta de ſes entrepriſes. Mais il vit bientôt qu'on l'avoit trompé. Enfin, la bataille de Saint-Albans fut livrée, le parti d'York remporta la victoire; ſes ennemis y perdirent beaucoup de monde. Le Duc de Sommerſet, le Comte de Northumberland, Stafford & Clifford y périrent.

Je ne ſuis pas de l'avis de Johnſon, qui donne à cette ſeconde partie de Henri VI ſur les deux autres une préférence qui me ſemble plutôt due à la troiſième; mais le Lecteur trouvera auſſi dans celle-ci une foule de vraies beautés dans différentes ſcènes, & cette main de maître qu'il eſt impoſſible de méconnoître. Quoique l'Hiſtoire fournît, dans cette période, des actions & des caractères bien variés & du plus grand intérêt, la plus grande partie de l'honneur reſtera toujours au Poëte par l'uſage qu'il a fait de ces actions, par la manière dont il a préſenté & fini ces caractères, & par l'effet qu'il leur fait produire. Dans quel jour avantageux paroît le digne Duc de Gloceſter! Comme il brille au milieu de la perverſité de ſes ennemis! Comme il eſt toujours égal dans la fortune la plus contraire! La foibleſſe, la bigoterie, l'imbécillité, la ſouple déférence du Roi, ſe montrent dans tout ce qu'il fait, tout ce qu'il dit. Il eſt trop lâche pour repouſſer par ſon autorité les deſſeins de ſes méchans

Conseillers, & il est d'un naturel si bon, qu'il n'est pas tranquille après leur exécution. C'est ce que montre sa conduite à la mort du Duc de Glocester.

Mais une des plus belles scènes, toute courte qu'elle est, c'est sans contredit la dernière du troisième acte, la mort du Cardinal. » C'est l'unique manière, dit Mistrifs Griffith, de faire, en représentant une mort sur le Théâtre, une aussi vive impression sur les spectateurs. Toutes les convulsions pantomimiques, toutes les contorsions des nouveaux Drames ne feront jamais sur les Spectateurs un aussi grand effet que ce peu de mots: *Il meurt, & ne donne point de signe* «. — Le désespoir, dit le spectateur, qui sans un seul mot, sans la moindre action de la personne mourante, paroît ici si visible, surpasse de beaucoup tout ce qu'on auroit pû peindre avec les plus fortes expressions «.

Les amours de la Reine & du Duc de Suffolk, vrais ou faux dans l'Histoire, sont représentés avec la plus grande vérité. On voit dès la première partie de ce Drame cet amour préparé; il fut toujours le premier motif qui porta le Duc à presser le mariage du Roi; & le retour de tendresse de la Reine, fut une suite naturelle de sa reconnoissance, & du peu de satisfaction que le caractère froid de son époux, & ses sentimens vulgaires & peu dignes d'un Roi, devoient donner à son cœur. Et quand il n'y auroit que l'admirable scène de la séparation qui s'ensuivit; cette scène, si pleine de l'épanchement de l'amour le plus sincère & le plus vrai; c'en seroit assez pour avoir de grandes obligations au Poëte d'avoir altéré l'Histoire.

VIII.

Sur *la troisième Partie du Roi* Henri *VI.*

Après la bataille de Saint-Albans, le Duc d'York fut de nouveau nommé Protecteur jusqu'à la majorité du Prince Royal aîné. Il se crut alors sûr de sa stabilité ; il ne soupçonnoit pas les haînes que la Reine Marguerite excita contre lui. Peu de tems après on livra bataille près de Bloreheath , & ensuite à Northampton. Warwick vainquit l'armée Royale ; le Roi Henri fut fait prisonnier. On tint une assemblée du Parlement, dans laquelle le Duc d'York exposa ses prétentions & ses titres. Le Parlement les déclara légitimes ; il fut cependant décidé que Henri resteroit Roi pendant sa vie, & que le Duc d'York ne lui succéderoit au trône qu'après sa mort.

La Reine se réfugia, après la bataille de Northampton, avec son Prince mineur, à Durham, & de-là en Ecosse. Elle ramassa une armée nombreuse dans le Nord ; & le Duc d'York alla à sa rencontre avec la sienne, qui étoit de beaucoup inférieure. Près de Wakefield il se livra une bataille, dans laquelle le Duc d'York & son second fils Rutland furent tués. On trouva le Duc mort sur le champ de bataille, on lui trancha la tête, & on l'apporta à la Reine, qui la fit empaler sur la porte d'York avec une couronne de papier. C'est ainsi que les Historiens racontent sa mort. Shakespéar le représente prisonnier, insulté cruellement par la Reine & par ses amis, & à la fin égorgé par leurs mains ; circonstances qui rendent le caractère de la Reine beaucoup plus odieux &

inhumain ,

inhumain, mais qui enrichiffent d'un autre côté le Drame du Poëte d'une des fcènes les plus énergiques. Le jeune & innocent Rutland fut affaffiné par Clifford.

La Reine envoya auffi-tôt une partie de fon armée, fous le commandement du Comte de Pembroke, contre le jeune Edouard, alors Duc d'York. Pembroke fut battu dans le Herfordshire, près la croix de Mortimer, & fon armée fe difperfa. La Reine, qui marcha elle-même avec la plus forte partie de fon armée contre Warwick vers Londres, remporta, dans un fecond combat auprès de Saint-Albans, une victoire confidérable. Manquant d'argent pour payer fes foldats, elle leur permit de piller la ville de Saint-Albans. Ce procédé irrita les Citoyens de Londres, qui lui fermèrent leurs portes; elle fe retira vers le Nord. Edouard fit fon entrée à Londres, au milieu des acclamations des habitans, & fut bientôt après proclamé Roi d'Angleterre, fous le nom d'Edouard VI.

Cependant la fanglante querelle entre les Maifons d'York & de Lancaftre continuoit toujours. Le parti d'York fut encore une fois victorieux dans une bataille meurtrière donnée près de Tornton. Pendant ce combat le Roi Henri refta à York avec fa femme; & fi-tôt qu'il apprit cette défaite, il s'enfuit précipitamment en Ecoffe, accompagné des Ducs d'Effex & de Sommerfet le cadet. Edouard ne les pourfuivit pas; il retourna à Londres, où s'affembla un Parlement pour régler le gouvernement.

La Reine Marguerite fe tourna du côté de la France, & follicita le fecours de Louis XI. Elle l'obtint & elle fit, avec de nouvelles forces, une nouvelle invafion en Angleterre; mais le Lord Montague la battit près d'Hexham : elle se sauva avec son fils dans une forêt, & de-là en Flandre, d'où elle alla à la Cour de son père, où elle vécut tranquille quelques années. Henri, accompagné de quelques amis, resta caché dans le Lancashire; mais, au bout d'un an, il y fut découvert, livré à Edouard, & conduit à la tour.

Edouard jouissoit du repos, & s'abandonnoit à son penchant naturel pour les plaisirs, & à sa passion pour les femmes. Un jour qu'il chassoit, il vit, dans un château de campagne dans le Northamptonshire à Grafton, une belle & jeune veuve de sir John Grey, tué dans le second combat de Saint-Albans, & dont on avoit confisqué les biens. Elle se jetta, en pleurant, aux pieds du Roi, & le pria de réparer son infortune. Le cœur d'Edouard fut épris de sa beauté, & touché de ses larmes; il lui offrit son amour avec les plus grandes promesses; elle le refusa constamment, jusqu'à ce qu'il eût consenti à en faire son épouse. Les nôces se firent à Grafton secrétement, dans le tems même qu'il faisoit demander par le Comte de Warwick, la Princesse de Savoye, sœur de la Reine de France. Le Comte avoit déja conclu tous les articles du mariage, quand il reçut la nouvelle de celui du Roi. Il fut si mécontent & si irrité, qu'il abandonna le parti Royal, & se joignit à ses ennemis. Un d'eux étoit le Duc de Clarence, frère du Roi, qui, comme la plupart des Nobles du Royaume, se trouva offensé des préférences de la nouvelle Reine, qui plaçoit ses parens, & il épousa la fille de Warwick.

Bientôt après, suivant quelques Historiens, Clarence & Warwick prirent Edouard prisonnier, le mirent en dépôt chez l'Archevêque d'York, d'où il échappa dans une partie de chasse. Le Poëte a fait usage de ce fait; mais il n'a point de certitude historique.

DES PIECES HISTORIQUES. lxvij

Warwick raſſembla une armée nombreuſe, & s'avança vers le Roi, près de Nottingham. Edouard fut effrayé dans la nuit par une fauſſe alarme, & s'enfuit avec une foible eſcorte à Lynne en Norfolk, où il s'embarqua, & ſe réfugia chez le Duc de Bourgogne.

Pendant ce tems, le Comte de Warwick marcha à grandes journées vers Londres, délivra Henri de la tour, & le fit de nouveau proclamer Roi. Il fut reconnu dans un Parlement aſſemblé, & l'adminiſtration du Gouvernement fut donnée à Warwick & à Clarence, juſqu'à la majorité du jeune Prince.

Edouard tenta ſans ſuccès une deſcente ſur la côte de Norfolk, & de-là il fit voile vers le Nord, & prit terre à Ravenſpurg, dans le Yorkſhire, & prit le parti de diſſimuler. Il ne demanda que le titre de Duc d'York, & on le reçut en cette qualité dans la Ville de ce nom. Enſuite il alla à Londres, où il fut pareillement admis & ſoutenu. On livra bientôt après une bataille à Barnet, près de Londres, dans laquelle le parti d'Yor fut vainqueur; Warwick & ſon frère Montague reſtèrent ſur le champ de bataille. Edouard remporta une ſeconde victoire ſur la Reine Marguerite, près de Tewkeſbury. Elle & ſon fils furent pris, & le dernier fut tué par les Ducs de Clarence & de Gloceſter. On conduiſit Marguerite à la tour, où le Roi Henri mourut ſubitement peu de jours après. Il eſt vraiſemblable que ſa mort fut violente; c'eſt ce que diſent pluſieurs Hiſtoriens, que Shakeſpear a ſuivis auſſi. Ils le font aſſaſſiner par le Duc de Gloceſter; mais ce n'eſt pas un fait démontré.

Les événemens ſur leſquels ſont fondés ces trois Drames hiſtoriques de Henri VI, comprennent enſemble un eſpace d'à-peu-près trente ans. Ces événemens ne ſont pas diftribués dans les intervalles qui fe trouvent entre chaque partie ; ils font, pour la plupart, contenus dans les Pièces mêmes, qui, toutes les trois, fe lient exactement & fe fuivent. Il n'y a que la Chronologie, que le le Poëte, felon la jufte remarque de Théobald, a négligée. Ainfi, par exemple, le Lord Talbot eft déja tué dans la première partie, à la fin du quatrième acte, tandis qu'il ne le fut en effet que l'an 1453 ; & la feconde partie s'ouvre par les nôces du Roi, qui arrivèrent huit ans avant la mort de Talbot, en 1445. C'eft dans la feconde partie que l'on trouve ce dialogue piquant entre Lady Eléonor Cobham & la Reine Marguerite, quoique la première fût accufée de magie, punie & exilée trois ans avant que cette Princeffe vînt en Angleterre.

Théobald reconnoît fans difficulté dans ces trois Drames plufieurs traits de maître & le génie de Shakefpéar; mais il lui plaît de douter qu'elles foient de lui en entier. Il conjecture qu'il feroit poffible qu'on les lui eût apportées comme au Directeur du Théâtre, & qu'il leur eût donné la dernière main, en y fémant une foule de beautés, & les animant de fon génie. Il prétend, pour appuyer cette vague conjecture, qu'un obfervateur attentif remarquera dans le ftyle de ces trois Drames, plufieurs mots furannés, & la verfification moins belle & plus profaïque, que dans la plus grande partie de fes vrais Ouvrages. Johnfon n'eft nullement de l'avis de ce Critique trop fubtil. Il trouve que la diction de ces Pièces reffemble au ftyle ordinaire de notre Poëte. Madame Griffith, qui d'ailleurs n'eft pas de l'opinion de Théobald, compte jufqu'à fept mots furannés, circonftance qui ne décide abfolument rien.

Warburton a adopté la conjecture de Théobald, mais fans citer aucune raifon ni preuve.

Je suis convaincu par mon sentiment intime, dit M. Eschenberg, que ces deux Critiques vont trop loin dans ce jugement; & j'en appelle avec confiance au sentiment des Lecteurs. Je ne crois point que ce soient des tirades détachées insérées par Shakespéar; il me paroît l'Auteur du plan entier, & de toute la conduite de ces Drames. Mais les Auteurs ou d'autres mains peuvent y avoir mêlé leur alliage, & les avoir déshonorés par plusieurs traits languissans, & par de frivoles jeux de mots; espèce de défaut qui pourtant se trouve plus ou moins dans presque toutes ses Pièces.

Voyons, s'il y a quelques preuves historiques, qui puissent répandre quelque doute sur l'authenticité de ces trois Drames. Farmer cite, dans son *Essai sur l'érudition de Shakespéar* (p. 88), un passage tiré d'un ancien Satyrique estimé, de *Nash*, d'où il conclut que ces Drames furent écrits avant Shakespéar. Voici ce passage. » Quelle joie n'au-
» roit pas sentie le brave Talbot, ce héros, la terreur
» des François, s'il avoit pu prévoir, qu'après avoir dormi
» plus de deux siècles dans le tombeau, il obtiendroit
» encore sur le théâtre une seconde victoire! & que ses
» cendres seroient plus d'une fois arrosées des larmes
» honorables de plus de dix mille spectateurs, qui,
» dans l'Acteur qui le représente, croient le voir
» mourir une seconde fois «. ⸺ Je ne doute pas, ajoute Farmer, que *Henri VI* ne soit de l'Auteur d'*Edouard III*, Tragédie que M. Capell a retirée de l'oubli.

Dans le supplément de la nouvelle Edition de notre Poëte par Johnson & Steevens, Farmer répète ses doutes & dit, qu'il importe peu de ne pas savoir quel a été le véritable Auteur de ces Drames. Il suffit d'observer, dit-il, qu'il y a beaucoup de vieux Drames anonymes, parce qu'on regardoit alors comme un déshonneur d'écrire pour le théâtre; qu'il y avoit même des Ecrivains qui en manifestoient leur repentir, comme d'un crime énorme. Il finit par promettre une dissertation plus étendue sur cette question; mais ce qu'il a promis, est encore à venir.

Il cite une circonstance tirée de Shakespéar lui-même, qui seule lui semble prouver, que ces trois pièces ne sont pas de lui. Il faut se rappeller que le chœur de la fin de la Tragédie de Henri V se rapporte à celui de Henri VI, & qu'il prie les Spectateurs de ne pas refuser leur suffrage à la première, après avoir si bien accueilli la dernière. Il ne conviendroit, dit-il, ni au goût, ni à la modestie du Poëte, de chercher à recommander son nouveau Drame par le mérite & les applaudissemens des Drames antérieurs. Mais cette preuve est assurément fort équivoque; & l'on en pourroit aisément conclure, comme dit Johnson, tout le contraire. Pourquoi donc le Poëte attendra-t-il l'approbation de sa Pièce du bon accueil qu'on auroit fait à des Ouvrages qui lui seroient étrangers, plutôt que du succès des siens? Et pourquoi cette tournure auroit-elle été si immodeste? N'y a-t-il pas en effet de la modestie à prendre le public pour arbitre, au lieu de s'en rapporter à son propre jugement, lui, qui reconnoissoit la supériorité de son nouveau Drame sur l'ancien?

On ne peut rien conclure, dit Johnson, contre l'authenticité de ces Drames, quand même on les supposeroit moins beaux que les autres. Dans les Ouvrages d'esprit, on trouvera toujours une inégalité de mérite, quand elle ne viendroit que de la seule différence des sujets, qui sont plus ou moins riches, plus ou moins avantageux à traiter. Parmi les Ouvrages d'un Auteur, il y en aura toujours nécessairement un qui sera le meilleur, & un autre qui sera le plus mauvais. Le coloris n'a pas les mêmes graces dans toutes les peintures du Titien ou de Reynold, comme les attitudes n'en sont pas également frappantes. C'est plutôt l'inégalité dans le style & dans les pensées qui peut autoriser avec plus de justice à ne pas attribuer un Ouvrage à un Auteur déja connu d'ailleurs. Mais cette inégalité de style ne se trouve point dans ces Drames. La langue, la versification & les figures ressemblent à la manière de Shakespéar. Si on les considère même, sans égard aux caractères & à l'action, purement comme des narrations en vers, leurs pensées sont plus heureuses, & ils sont finis avec plus de soin que d'autres Tragédies, telles que le Roi Jean, Richard II, ou les scènes tragiques de Henri IV & de Henri V. Si nous voulons disputer ces Pièces à Shakespéar, à qui donc les donnerons-nous? Quel Poëte de ce tems eut autant de facilité & de fécondité dans l'expression, & fit des vers aussi aisés, aussi coulans?

Ainsi, la seule constitution intérieure de ces Drames nomme Shakespéar pour leur Auteur; mais d'autres témoignages confirment encore leur authenticité. Ils sont attribués à notre Poëte par ses premiers Editeurs, dont la déposition est de quelque poids sur les faits, malgré la négligence & la mal-adresse qu'ils ont montrée dans l'édition. Ils sont encore avoués par Shakespéar même, qui se refère au second Drame dans son épilogue de Henri V, & qui lie visiblement le premier acte de Richard III avec le dernier acte de la troisième partie de Henri VI. Si l'on répond, que ces Drames étoient alors très-connus, & qu'il pouvoit très-bien y faire allusion, on peut répondre avec autant de vraisemblance, que l'amour-propre, si naturel à un Poëte, l'auroit engagé à séparer ses propres Ouvrages des compositions d'Auteurs médiocres. Et si les conjectures hasardées d'un Critique suffisent pour annuller le témoignage d'un Ecrivain, il n'y a point de Savant qui désormais puisse être sûr de sa gloire & de sa réputation.

Les vieux exemplaires des deux dernières parties de Henri VI & de Henri V, sont si évidemment défigurés, qu'il est impossible de les regarder comme les premières ébauches de Shakespéar. Je croirois presque, que ce sont des copies, que quelque Auditeur faisoit, du mieux qu'il pouvoit, durant la représentation ; & qu'après les avoir entendues deux ou trois fois, il vint à bout de remplir quelques-unes de ses lacunes, & les remit après à l'Imprimeur, quand il avoit recueilli quelque chose de suivi.

Steevens remarque encore une particularité qui confirme cette supposition, c'est que les hémistiches latins manquent dans les deux Editions *in-4.°*, & ne se trouvent que dans celle *in-fol.* & que ceux que l'on trouve dans les autres, sont tout estropiés par l'Auditeur qui les notoit ; peut-être ne savoit-il d'autre langue que l'Angloise.

IX.

IX.

Sur la vie & la mort de Richard III.

Peu de jours après le combat décisif donné près de Tewkesbury, le 4 Mai 1472, & qui fut si funeste au parti de Lancastre, Henri VI, mourut à la tour, d'une mort subite, comme on l'a vu, &, comme plusieurs supposent, violente. Edouard IV tranquille alors dans son Royaume, eut le loisir de contenter davantage son penchant pour les plaisirs. Ce repos fut bientôt interrompu en 1475 par une guerre avec la France, mais qui se termina la même année par la paix de Péquigny.

Edouard, pour augmenter ses revenus, augmenta les impôts, & opprima ses sujets. Ce qui les aigrit le plus, fut son procédé envers le Duc de Clarence, qu'il fit arrêter sous prétexte de plusieurs accusations, & principalement à l'instigation du Duc de Glocester. Shakespéar', dans cette circonstance, fait usage d'un bruit populaire, qu'il existoit une prophétie qui avoit prédit que les fils du Roi seroient tués par quelqu'un dont le nom commenceroit par la lettre G. Le nom de baptême du Duc étoit George; ce G fut la cause de sa perte. Le Roi lui permit le choix de sa mort, & il fut noyé dans un tonneau de Malvoisie; choix bizarre, dit Hume, qui démontre sa passion pour cette boisson.

Notre Poëte a un peu altéré les circonstances, & il présente le caractère & les dispositions du Duc de Glocester comme les principales causes de sa mort.

Tome VIII. k

Son ambition avoit depuis long-tems l'œil fixé sur le trône d'Angleterre, & il employa tous les moyens pour y parvenir. La Cour étoit alors divisée en deux partis ; à la tête de l'un étoient la Reine & ses parens, & principalement le Comte de Rivers, son frère, & le Marquis de Dorset, son fils ; l'autre étoit composé des premiers de la vieille Noblesse, entr'autres le Duc de Buckingham, Lord Hastings, Howard & Stanley. Edouard s'efforça, dans sa dernière maladie, de réconcilier ces deux partis ; la réconciliation se fit en apparence ; mais elle ne dura pas plus long-tems que la vie du Roi, qui mourut bientôt après avoir nommé son frère, le Duc de Glocester, Protecteur du Royaume.

Le jeune Roi, Edouard V, résidoit alors à Ludlow, sur les frontières de Galles, & étoit sous la tutèle de son oncle le Comte de Rivers. La Reine avoit ordonné de conduire le jeune Prince sous une escorte sûre à Londres ; le parti s'y opposoit, & Glocester persuada à la Reine de le faire venir sans une grande suite. Peu de tems après furent arrêtés par ordre de ce Duc, & conduits à Pomfret, Lord Rivers, Sir Richard Gray, un des fils de la Reine, & Sir Thomas Vaughan. Le jeune Prince fut reçu de son oncle sous l'apparence du plus grand respect, quoiqu'il ne pût pas dissimuler son mécontentement de la conduite de ses parens.

Si-tôt que la Reine apprit l'emprisonnement de son frère, elle se retira pour sa sûreté, avec le Marquis de Dorset, ses cinq Princesses, & le jeune Duc d'York, à l'Abbaye de Westminster. Mais Glocester fut bientôt la forcer à lui livrer son fils, en insistant sur la nécessité de sa présence au couronnement de son frère. Il songeoit toujours à avancer vers le trône, & il continuoit de lever tous les obstacles, & de s'applanir le chemin. Dans cette vue il arrangea si bien les choses, que les parens de la Reine, qui étoient prisonniers à Pomfret, furent exécutés, sans même subir aucun interrogatoire ; Richard Ratcliff fut chargé de cette exécution. Il fit sonder les intentions du Lord Hastings par Catesby ; & voyant qu'il ne pouvoit l'attirer dans son parti, il le fit mander à un Conseil qui se tenoit à la tour, l'accabla de reproches, & lui fit sur-le-champ trancher la tête. On lisoit au peuple une plainte en règle contre ce Lord, pour colorer cette cruauté.

Glocester commença dès-lors à se montrer sans masque. La vie débauchée du feu Roi lui servoit de prétexte pour rendre suspecte la naissance des Princes ; il fit plus, il flétrit jusqu'à la naissance légitime d'Edouard IV & du Duc de Clarence. Le Duc de Buckingham fit convoquer les Citoyens par le Lord-Maire, & leur fit ces propositions. On leur demanda, s'ils vouloient avoir le Duc de Glocester pour Roi ; les acclamations d'un petit nombre lui suffirent. Il alla, avec le Maire & une foule de peuple, à Baynard-Castle, où Glocester étoit alors, & lui offrit la Couronne. Ce ne fut qu'après bien des refus hypocrites qu'il l'accepta.

C'est ainsi que parvint au trône Richard III, surnommé *Crook-Back*, *Dos-Bossu* ; il fut proclamé Roi en 1483, & couronné avec sa Reine. Il établit le Lord Jean Howard pour Comte-Maréchal (ou *Connétable*), & le créa Duc de Suffolk, son fils Thomas, Comte de Surrey ; Guillaume Berkley, Comte de Nottingham, & Lord Lovel, un de ses plus intimes confidens, Chambellan. Il fit élargir auffi l'Archevêque d'York & le Lord Stanley, & fit fortir de la tour le Docteur Morton, Evêque d'Ely, & commit à fa garde le Duc de Buckingam, qui le confina dans le château de Brek-Nock. Richard ne poſſéda que deux ans & deux mois la Couronne qu'il avoit acquiſe par ſes cruautés, & il paſſa tout ce tems à inventer des moyens de ſe ſoutenir ſur le trône, comme ſes ennemis le paſsèrent en complots & conſpirations pour l'en précipiter: ils y réuſſirent à la fin, & lui ôtèrent à la fois la Couronne & la vie. Comme il ne ſe croyoit pas en ſûreté tant que ſes deux neveux, le jeune Roi & ſon frère le Duc d'York reſpireroient, il réſolut de s'en défaire par la trame la plus inique, qui fut accomplie auſſi-tôt après ſon Couronnement. Ces deux enfans innocens étoient encore dans la tour, dont il avoit fait Gouverneur Robert Brackenbury, une de ſes créatures. Il s'éloigna de Londres, afin que, pendant cette infernale action, ſon abſence écartât de lui les ſoupçons; & il partit ſous prétexte de viſiter ſes Provinces avec le Duc de Buckingham. Arrivé à Gloceſter, il envoya ordre exprès à Brackenbury de faire périr les deux Princes. Brackenbury, plus homme d'honneur que ne l'imaginoit Richard, s'excuſa humblement de cet infâme miniſtère. Sur ſa réponſe, il lui envoya Jacques Tyrrel avec un ordre écrit de ſa main, de lui remettre les clefs & le gouvernement de la tour pour une nuit ſeulement. Brackenbury obéit, & Tyrrel introduiſit deux aſſaſſins, Miles-Foreſt & Jean Dighton, qu'il avoit gagés pour ce forfait. Au milieu de la nuit, lorſque les deux Princes dormoient, ces ſcélérats entrèrent dans la chambre, les étouffèrent dans leur lit, & les enfouirent ſous un caveau de l'eſcalier. Tyrrel fut exécuté ſous le règne ſuivant.

Débarrassé de ses neveux, Richard, après avoir renouvellé ses alliances étrangères, cherché à se faire des amis de ceux qu'il suspectoit davantage, en leur donnant des emplois considérables, sur - tout au Lord Stanley, qui avoit épousé Marguerite, Comtesse de Richemont, se crut en sûreté; mais en ce tems-là même il se forma une conspiration, qui, malgré le mauvais succès qu'elle eut d'abord, finit par compléter sa ruine. Le Duc de Buckingham, le principal instrument qui avoit élevé Richard au trône, étoit à la tête de la conjuration. Il se crut méprisé de Richard, ou du moins pas récompensé autant qu'il le méritoit, pour le service qu'il lui avoit rendu. On dit encore, que le Roi lui avoit manqué de parole pour quelques terres qu'il avoit promis de lui donner, & qu'il lui marquoit une extrême froideur. Quoi qu'il en soit, il se retira de la Cour, excessivement mécontent & ne méditant que vengeance; & bientôt il commença à concerter des mesures avec Morton, Evêque d'Ely, son prisonnier, pour détrôner l'usurpateur qu'il venoit d'élever.

Après plusieurs entretiens, & après s'être bien concert l'un avec l'autre, le plan auquel ils s'arrêtèrent, fut de placer sur le trône Henri, Comte de Richemont, qui étoit alors en Bretagne. Dans ce projet ils étoient sûrs d'avoir pour eux tous les amis de la Maison de Lancastre, dont Henri étoit le seul rejetton. Et afin de gagner les partisans de la Maison d'York, il étoit nécessaire que Henri promît d'épouser la Princesse Elisabeth, fille aînée d'Edouard IV. Après avoir tout arrangé sur ce plan, le premier pas fut de dépêcher un homme de confiance pour informer la Comtesse de Richemont de leur dessein. La Comtesse épousa la proposition avec chaleur, & trouva le moyen d'en faire part à la Reine douairière ; la Reine consentit sur-le-champ au mariage de sa fille avec Henri. Après ces préliminaires, chacun d'eux engagea ses plus fidèles amis dans le complot, & ceux-ci en attirèrent d'autres ; ce qui n'étoit pas difficile, attendu que l'usurpateur étoit universellement détesté de la nation. La Comtesse envoya alors deux personnes sûres en Bretagne, pour instruire son fils de ce qui se tramoit en sa faveur, & l'inviter à passer la mer. L'état de ses affaires n'étoit pas disposé pour une pareille entreprise; mais le Duc de Bretagne lui ayant promis du secours, il envoya sa parole à la Comtesse sa mère, d'être prêt à venir en Octobre. Malgré toutes les précautions que prirent les conspirateurs pour voiler leur secret, Richard en eut quelques indices confus; & commençant à soupçonner le Duc de Buckingham, il lui envoya ordre de venir à la Cour. Le Duc refusa net, se déclara ouvertement contre le Roi, & prit les armes, rassemblant les forces que lui & ses adhérens avoient secrétement engagées dans la Province de Galles, & marcha vers les Provinces de l'Oüest, pour y joindre ses amis, qui étoient prêts à se soulever, & le Comte de Richemond qui devoit y descendre. Mais le Duc fut arrêté dans sa route par un débordement de la Saverne, qui dura six jours : toute son armée se dispersa, & se voyant abandonné & seul avec un domestique, il se cacha dans la maison d'un certain Banister, dont son père & lui avoient été les bienfaiteurs. Néanmoins après que Richard eut fait proscrire sa tête, & promis une riche récompense à celui qui se saisiroit de sa personne, il fut lâchement trahi par ce Banister, & livré au premier Sheriff du Shrop-shire, & bientôt après il eut la tête tranchée à Salisbury*. Vers le même tems le Comte de Richemond parut sur la côte d'Angleterre; il y trouva ses amis dispersés, & il devoit naturellement tomber entre les mains de ses ennemis; mais heureusement il échappa, retourna en Normandie, & de-là en Bretagne, où il attendit une occasion plus favorable. Cependant Richard poursuivoit avec vigueur les conspirateurs; il en fit mourir plusieurs, & donna une commission extraordinaire à Ralph-Ashton pour cet effet. Entr'autres, Guillaume Collingburn, Gentilhomme du Wiltshire, fut pendu & écartelé, pour avoir favorisé le projet du Comte de Richemont, & pour avoir écrit ce distique satyrique contre Richard & trois de ses favoris.

  Le chat, le rat, & Lovel le dogue,
  Gouvernoient l'Angleterre sous un pourceau.

Ce distique faisoit allusion à Catesby, Ratcliff & Lovel, qui portoit un chien dans ses armes; un des supports de celles de Richard étoit un sanglier. Mais il y en eut quantité, qui, pour échapper à la colère du Roi, fuirent en Bretagne, & se rendirent auprès du Comte de Richemond. De ce nombre fut Thomas Gray, Marquis de Dorset, fils de la veuve du Roi Edouard. Richard, croyant avoir dissipé l'orage, continua ses violences, & crut à propos de convoquer le Parlement. Il s'assembla en 1484, & ne fit aucune difficulté de déclarer illégitime la postérité d'Edouard IV, de confirmer l'élection irré-

---

* Rymer & Rapin Thoyras, au lieu de Salisbury, nomment Shrewsbury

gulière de Richard, & de reconnoître ses prétendus droits à la Couronne.

Ensuite il passa un acte de proscription contre le Comte de Richemond & tous ses adhérens. Il fut heureux pour sa mère qu'il ne se trouvât personne qui dévoilât la part qu'elle avoit dans le complot. Le Parlement, tout dévoué au Roi, fit cependant plusieurs loix sages pour l'administration de la justice, & supprima un impôt très-onereux aux sujets, sous le nom de *benevolence* ou don gratuit. Richard confirma son alliance avec le Portugal, & conclut une trève avec l'Ecosse; mais il craignoit toujours quelque nouvelle tentative de la part du Comte de Richemond, qui, de son côté, n'avoit pas renoncé à son dessein, malgré l'obstacle qui l'avoit d'abord arrêté. Il avoit alors autour de lui une foule de Lords qui avoient déserté l'Angleterre, & qui l'asssûroient que la Nation étoit remplie de ses amis ; le Duc de Bretagne promit aussi de continuer ses secours. Le Comte y courut bientôt le plus grand danger. Le Duc étoit vieux & infirme, & son premier Ministre, Landais, homme d'une mince extraction, gouvernoit sous son nom. Il se rendit si odieux à la Noblesse & au Peuple de Bretagne, que pour se soutenir contre eux, il crut nécessaire de chercher de l'appui chez l'Etranger, & jugea qu'il avoit une belle occasion de se procurer celui de Richard, en lui promettant de lui livrer le Comte de Richemond. Cette indigne négociation avançoit entre ce Ministre & ce Roi, tous deux détestés. Le Comte ne se doutoit de rien, lorsque l'Evêque d'Ely, qui avoit trouvé moyen de s'évader de sa prison, & qui avoit de bons espions auprès du Roi, l'avertit du danger qu'il couroit. Le

Comte

Comte se hâta de le prévenir, & il eut bien de la peine à sortir déguisé de la Bretagne. Il fut se réfugier à la Cour de Charles VIII, Roi de France, qui venoit de succéder à Louis XI son père. Le généreux Duc de Bretagne fut irrité contre son Ministre, de ce qu'il avoit mécontenté le Comte, & permit à tous les Seigneurs Anglois de le suivre. Landais ne tarda pas à être conduit, par ses vexations, sur un gibet, digne récompense de ses iniquités. Le Comte fut très-bien traité à la Cour de Charles, qui lui promit à la fin quelque secours, dans la vue d'exciter de nouveaux troubles en Angleterre. Il eut aussi la satisfaction de voir venir auprès de lui le Comte d'Oxford, qui avoit été emprisonné par ordre d'Edouard IV dans le château du Ham en Picardie, & qui fit tant auprès du Gouverneur & de la garnison, qu'il obtint de se déclarer pour le Comte de Richemond. Richard eut bien connoissance qu'il se tramoit quelque intrigue contre lui en Angleterre; mais il ne put jamais découvrir par qui. Au bout de quelque tems, il sut, que ce qui donnoit sur-tout faveur au Comte, étoit principalement fondé sur sa promesse d'épouser la Princesse Elisabeth. Pour le prévenir, il résolut de l'épouser lui-même. A force de prétextes spécieux, & sur-tout en promettant d'assurer après lui la Couronne à la Princesse, attendu que le Prince de Galles étoit mort, & qu'il n'avoit point d'autre enfant; il vint à bout de persuader la Reine douairière, au point qu'elle lui remit entre les mains ses cinq filles. Aussi-tôt il eut soin de se débarrasser de sa Reine Anne, fille du célèbre Comte de Varwick, soit par le poison, soit en la faisant périr de chagrin, à force de mauvais traitemens. Elle auroit

Tome VIII.

excité bien plus de pitié, si elle n'eût pas épousé le meurtrier de son premier mari, qui étoit Edouard, Prince de Galles, fils d'Henri VI. Ensuite Richard fit sa cour & sa demande à la Princesse Elisabeth sa mère : mais elle fut inflexible. Cependant comme il devenoit de jour en jour plus odieux, plusieurs Lords & Gentilshommes pasèrent vers le Comte de Richemond, & lui offrirent leurs services. D'autres les suivirent, pour éviter d'être sacrifiés aux soupçons du Roi ; & ceux qui restèrent encore, n'attendoient qu'une occasion de se déclarer contre lui. Richard avoit eu aussi la mal-adresse de désarmer la flotte au printems de 1485, trompé par la profonde sécurité où il étoit. Dans ces circonstances favorables, le Comte mit à la voile, & partit d'Harfleur au mois de Juillet, avec deux mille hommes seulement que la France lui avoit donnés, & des vaisseaux de transport. Le 6 Août il débarqua au havre de Milford, & marchant vers le Nord du pays de Galles, il fut joint par un corps considérable de troupes Galloises, qui épousèrent d'autant plus volontiers sa cause, que le Comte étoit né d'une famille de cette Province. En peu de jours il arriva à Shrewsbury, dont les habitans le reçurent sans difficulté, & où Talbot lui amena un secours de deux mille hommes. Le Lord Stanley & son frère Guillaume avoient levé des troupes au nom du Roi ; mais ils avoient donné au Comte leur secrète asûrance de le joindre au premier moment favorable ; ce qu'ils exécutèrent dans le tems même où les deux partis étoient aux prises, & ils furent par-là les principaux auteurs du succès de l'armée du Comte. Richard n'avoit plus d'amis ; il se défioit du Lord Stanley, & lui fit laisser son fils en ôtage de sa liberté. Dès qu'il apprit le débarquement du Comte, il ordonna à toutes ſes forces de ſe rendre à Nottingham, réſolu d'y aller en perſonne, & de le combattre. Le Comte n'étoit pas moins jaloux de décider la querelle par une ſeule action. Dans ſa marche il fut joint par Watter Hungerford, Thomas Bourchier & pluſieurs autres qui abandonnèrent le Roi. Enfin, ces deux rivaux de la Couronne en vinrent aux priſes près de Boſworth, dans la Province de Leiceſter, le 22 Août. Le Comte de Richemond fut d'abord en danger d'être battu; mais le Lord Stanley le joignit avec 5000 mille hommes, & ſon frère, avec deux mille, & l'armée Royale fut totalement miſe en déroute après un combat de deux heures, où le Roi donna des preuves de valeur. Dans le fort de l'action, épiant le Comte, il fondit avec fureur de ſon côté, tua Guillaume Brandon, ſon porte-Enſeigne, qui ſe trouva dans ſon chemin, & renverſa par terre Jean Cheney, qui avoit pris la place du premier. Quand il vit la bataille perdue, il ſe lança dans la mêlée, & y fut tué. Le Lord Stanley l'entoura avec ſes troupes, & lui ôta la vie. Il eſt probable qu'il fut trahi & livré par quelques Grands qu'il avoit auprès de lui, & qui entretenoient de ſecrètes intelligences avec le Comte. On dit que le matin du jour de la bataille, on trouva ſur la porte de la tente du Duc de Norfolk, qui fut tué en combattant pour Richard, ces deux vers attachés :

> Jockey de Norfolk, n'aie pas cette audace :
> Car Dickon, ton Maître, eſt acheté & vendu.

Richard Ratcliff fut tué auſſi, & le perfide Catesby, qui fut fait priſonnier, fut exécuté à Leiceſter.

Ainſi périt Richard III, à l'âge de 34 ans ; ce ne ſeroit pas un méchant Roi, sans les moyens sanguinaires qu'il employa pour parvenir au trône & pour s'y maintenir. Sobre, tempérant, il fit rendre la justice, fut bon guerrier & bon législateur. Il eût été vertueux & illustre, s'il n'eût pas ambitionné la Couronne ; de-là vinrent ses crimes. Sa Couronne ayant été trouvée, par un soldat, parmi le butin, le Lord Stanley la reçut & la posa sur la tête du Comte de Richemond, & le salua Roi. Son corps fut trouvé nud, couvert de sang & de poussière : jetté de travers sur son cheval, la tête pendante d'un côté & les jambes de l'autre, il fut porté ainsi jusqu'à Leicester, où il fut enterré. Il fut le dernier Roi de la race des Plantagenet ; qui avoit gouverné depuis Henri II.

Holingshed trace de Richard III le caractère suivant, qui paroît avoir servi de base à celui de Shakespéar.

» Il étoit petit de taille ; son corps étoit très-difforme ; il avoit une épaule plus haute que l'autre ; son visage étoit petit, mais son air féroce, & tel que d'abord au premier coup-d'œil on y déceloit la malice, la fourberie & la dissimulation. Quand il étoit pensif, il avoit coutume de mordre & ronger sa lèvre de dessous, signe que son naturel farouche étoit toujours échauffé, agité & inquiet. Il aimoit aussi, en ruminant sur quelque chose, à dégaîner à moitié & à remettre après le poignard qu'il portoit, sans pourtant le tirer tout entier hors du fourreau. Son esprit étoit vif, & embrassoit beaucoup d'objets à la fois ; il étoit plein de ruses & de ressources. Il étoit arrogant & fier, encore dans le moment même de sa mort, préférant de mourir par le glaive, plutôt que de rester dans l'état d'abandon où l'avoit mis la désertion de ses partisans, & de conserver par une lâche peur une vie foible & incertaine qu'il auroit sans doute bientôt perdue par les maladies, par les piéges de ses ennemis, ou par un châtiment mérité «. Il exerça beaucoup de cruautés ; ce fut l'ambition qui lui fit verser le sang. Vraisemblablement on l'accusoit encore de plus de crimes qu'il n'en commit.

Le même mélange de subtilité d'esprit, de ruse, d'ambition, de courage & d'inhumanité, qui, d'après les témoignages de ses Historiens & de ses actions, se trouvoit réellement dans le caractère de Richard, se retrouve dans la Tragédie de Shakespéar.

Shakespéar n'a pas cherché à déguiser le caractère détestable de Richard, ni à adoucir les noires couleurs de son portrait ; car le fard hypocrite d'humanité, dont Richard lui-même tâchoit de se couvrir, ne fait que le rendre encore plus abominable ; le Poëte lui fait commettre & ordonner toutes les cruautés & toutes les horreurs prouvées & non prouvées, dont la chronique, ou peut-être aussi les bruits de son tems, le chargeoient. Mais il y a dans ce caractère un trait de maître, que j'ai toujours admiré, & je m'étonne que les Critiques ne le remarquent pas. Richard a par-tout dans son langage un certain ton ironique & dédaigneux, avec lequel il se met sans façon au-dessus de tous les autres mortels, & qui s'accorde si bien avec ce mot excellent : *Je suis tout seul de mon espèce !* qu'il dit de soi dans la troisième Partie de Henri VI. Par-tout ce ton trahit un homme, qui, par la difformité de sa figure, par la bizarre disposition de son ame, se croit autorisé à regarder le reste des hommes, qui ne lui montrent pas de l'affection, comme des êtres qui n'ont aucune connexion avec lui,

& qui dès qu'il dépend de lui de se procurer des avantages qui l'arrangent, compte pour rien, avec la plus grande indifférence, le dommage & les torts que les autres en souffrent.

Cette froide & barbare indifférence le sépare aussi, aux yeux du spectateur, du reste des hommes; elle le rend, il est vrai, d'un côté plus monstrueux, & plus haïssable; mais elle diminue aussi de l'autre côté ce sentiment douloureux & presqu'insupportable qui naîtroit de cette réflexion : » Un homme peut-il négliger à ce point la sensibilité humaine ! & ce monstre est-il un individu de notre espèce ? — Non, il est seul de la sienne« ! Peut-être le Poëte, en ébauchant ce caractère, ne s'est-il pas proposé formellement ce dessein. Au reste, rien n'étoit plus propre à son but, que cette insensible indifférence, dont toutes les actions & toutes les paroles de Richard insultent l'humanité.

L'original de ce Drame fut imprimé séparément, l'an 1597. Il y a une Pièce de ce nom plus ancienne, dont Harrington fait mention dans son *Apologie for Poetrie* 1591, & que quelques-uns ont cru celle de Shakespéar. Farmer, au contraire, démontre que c'est une Tragédie Latine, composée par Dr Leggs, & représentée quelques années avant 1588, dans le Collége de Saint-Jean à Cambridge.

Colley Cibber a fait des changemens considérables dans la Pièce de Shakespéar; il a supprimé plusieurs scènes, retranché des autres, inséré des passages des autres Pièces du Poëte, & donné au tout la forme dans laquelle on le joue présentement sur le Théâtre Anglois. Garrick a obtenu, par le rôle de Richard III, la plus grande réputation. Le *Censeur Dramatique*, qui commence par l'examen de Richard III, sa feuille périodique, donne une relation détaillée de ces changemens, & de la perfection de l'Acteur dans ce rôle.

Un autre Drame sur le même sujet, a pour titre : *The English Princes, or the death of Richard the third*. Il fut imprimé l'an 1666, & on croit que Jean Carel en est l'Auteur.

X.

Sur la vie de HENRI VIII.

Henri VIII succéda à son père à l'âge de 19 ans, en 1509, & il réunit dans sa personne les droits des deux Maisons de Lancastre & d'York. Son premier acte fut de faire justice des deux Ministres de son père, qui eurent la tête tranchée. Fox, Evêque de Winchester, introduisit à la Cour le Prêtre Thomas Volsey, comme un homme qui seroit utile au Roi. Quoique Henri vînt de conclure un traité de paix avec Louis XII, ils se trouva engagé dans une guerre nouvelle, par les intrigues du Pape Jules II, & de Ferdinand, Roi d'Arragon; & malgré son penchant effréné pour les plaisirs, qui lui firent dépenser en très-peu de tems 1,800,000 livres sterling, que son père avoit amassées avec tant d'activité & de peine. Cette guerre fut combattue par plusieurs membres de son Conseil, & l'un d'eux s'énonça en ces termes : » Laissons-là nos entreprises contre le continent ; la nature paroît ne point destiner les Isles à ces sortes de querelles. L'Angleterre forme elle seule un empire suffisant, ou si nous nous aggrandissons, que ce soit du côté où la position de l'Isle & la Providence semblent nous inviter à le faire, c'est-à-dire, sur la mer «. Cette guerre n'aboutit qu'à donner à Ferdinand la conquête de la Navarre. Malgré son expérience, Henri entra encore dans une seconde ligue contre la France, avec le Pape, l'Empereur Maximilien & le Roi Ferdinand, qui tous avoient leurs vues particulières, & se servoient de Henri comme d'un

instrument

inftrument néceffaire à leurs fuccès. Il débarqua à Calais avec fon armée, & fit une campagne heureufe. Pendant fon abfence, Jacques IV, Roi d'Ecoffe, rompit tous fes traités avec lui, envahit le Notthumberland avec une armée de foixante mille hommes. Le Comte de Surry, avec vingt-fix mille hommes, lui livra la bataille à Flodden, & après le combat le plus fanglant & le plus opiniâtre, il le défit totalement. Jacques ne reparut jamais, & fans doute il refta parmi les morts. En 1514, Thomas Wolfey, alors premier Miniftre, fut élu Archevêqued'York, & quelque tems après Cardinal, fous Léon X. Enfin la paix fe fit avec la France, & un des articles du traité fut le mariage de Louis XII avec la Princeffe Marie, qui fut célébré à Abbeville. Louis mourut trois mois après, & fa veuve époufa Charles Brandon, Duc de Suffolk. En 1516 (*), Catherine accoucha d'une Princeffe, nommée Marie, qui régna enfuite fur l'Angleterre. Vers ce tems-là, Luther commença à écrire contre les Indulgences; Henri compofa un livre contre lui, intitulé, *des fept Sacrémens*, & Léon X, en reconnoiffance de ce fervice rendu à l'Eglife, lui conféra le titre de Défenfeur de la Foi, titre confirmé par un acte du Parlement, & que les Rois d'Angleterre ont toujours porté depuis. Après l'alliance de Henri avec la France, Volfey, fans s'embarraffer du Parlement, publia un ordre du Roi pour lever le fixième de tous les biens laïcs, & le quart de tous les biens eccléfiaftiques; cet acte jetta le trouble dans la Nation, & la révolte étoit près d'éclater, lorfque

---

(*) Cette année fut remarquable par l'invention des moufquets.

le Roi défavoua fes ordres, & en fit retomber l'odieux fur le Cardinal. En 1530, le Cardinal fut arrêté par le Comte de Northumberland, pour crime de haute trahifon. Comme on le conduifoit à Londres, il mourut en chemin. En 1532, le Roi époufa fecrétement Anne de Boulen, & en 1533, un acte du Parlement défendit tous appels à Rome. Le mariage du Roi fut déclaré, & l'Archevêque de Cantorbery, Cranmer, prononça la fentence du divorce entre le Roi & Catherine, qui mourut en 1536. Le Pape déclara celui de Catherine valide, & menaça le Roi de fes cenfures, s'il ne reprenoit Catherine. En revanche, le Parlement paffa un acte qui abolit le *denier de Saint-Pierre*, les difpenfes, les bulles, délégations, &c. & tout le pouvoir du Pape fur l'Angleterre, confirma le mariage d'Anne de Boulen, fixa la Couronne fur fa poftérité, & établit le Roi pour chef fuprême de l'Eglife Anglicane. Clément VII mourut pendant cette rupture, & Paul III lui fuccéda. Le Roi nomma Cromwel pour vifiter les Abbayes, les Maifons Religieufes; & la recherche des abus qui s'y étoient gliffés, avança la fuppreffion de toutes les marques du culte Romain. Une foule d'images & de reliques furent brûlées, entr'autres les os de Thomas Beket, & le Roi s'empara de fa chaffe, qui étoit très-riche. Le revenu des Abbayes, Monaftères, &c. fupprimés, monta à plus de deux millions fterling, fans compter le mobilier, qui étoit immenfe, & le tout pour le profit du Roi. L'Ordre des Chevaliers de Saint-Jean de Jérufalem fut enveloppé dans la même profcription.

Il n'y avoit que trois ans que le Roi avoit époufé Anne de Boulen, & il conçut une jaloufie dont elle fut la victime : coupable ou non, elle fut accufée d'un commerce criminel avec son frère, le Comte de Rocheford, & avec quatre de ses Domestiques, qui furent tous exécutés, & la Reine ensuite fut décapitée en 1536. Le lendemain le Roi nomma pour son épouse Jeanne Seymour, dont il étoit amoureux depuis quelque tems, & il eut d'elle un fils, le Prince Edouard, son successeur ; elle mourut dans cette couche. Le mariage d'Anne de Boulen fut annullé, sous prétexte d'un précontrat avec le Lord Perci ; & sa fille Elisabeth, aussi bien que Marie, fille de Catherine, furent déclarées illégitimes, par acte du Parlement. En 1539, Gardiner fit passer au Parlement un acte, qui condamnoit à être pendu ou brûlé pour nier la Transsubstantiation, ou soutenir que les Prêtres pouvoient se marier ; que les vœux de chasteté pouvoient être rompus ; que la confession auriculaire n'étoit pas nécessaire au salut, &c. Cet acte fut appelé l'*acte sanglant*. En 1540, le Roi épousa Anne, sœur du Duc de Clèves, par des raisons politiques, & six mois après il fit prononcer son divorce. Cromwel avoit eu la principale part dans cette alliance. Le Roi ne le lui pardonna jamais, quoiqu'il le fit ensuite Comte d'Essex. Mais il ne jouit pas long-tems de ce titre ; il fut accusé de trahison par le Duc de Norfolk, & perdit la tête sur un échafaud. Le mariage du Roi avec Catherine Howard fut déclaré nul. Elle fut convaincue d'adultère sur de meilleures preuves qu'Anne de Boulen, & décapitée en 1542. Lady Rocheford, une de ses complices, qui avoit accusé son mari d'un commerce criminel avec sa sœur, Anne de Boulen, fut exécutée avec elle. Derham, Mamock & Cuplepper, d'après leur aveu qu'ils avoient couché avec la Reine, eurent aussi le même sort. La même année 1542, l'Irlande fut érigée en Royaume. En

1543 le Roi prit pour sa sixième femme Catherine Parr, veuve de Névil, Lord Latimer. Henri entra dans une ligue avec l'Empereur contre la France, passa à Calais en 1544, & prit Boulogne. Elle se termina par un traité de paix en 1546. Henri mourut en 1547, à 56 ans.

Henri VIII excella dans tous les exercices de la jeunesse; il avoit reçu de la nature un bon esprit, que son éducation ne perfectionna guère. Au lieu de cette philosophie saine qui ouvre & étend l'esprit, il se plongea dans l'étude de la sombre scolastique, qui étouffe les idées & corrompt la raison, & qui est faite pour former un ergoteur de couvent, plutôt que le législateur d'une Nation. Il étoit né poltron, ennemi du conseil & de la contradiction; prodigue, vain, pédant & superstitieux. Il aimoit le faste & la pompe, hochet d'une ame foible. Ses passions ne souffroient point de frein, & étranger à tout sentiment délicat, il les satisfaisoit sans remords aux dépens de la justice & de l'humanité. Il arracha à la Cour de Rome la suprématie, partie par motif religieux, partie par raison d'Etat. Il supprima les Monastères pour les piller; mais il trouva la Noblesse & la Nation de son avis dans ce changement. Il fit plusieurs guerres; mais sa plus grande conquête, il la fit sur son Parlement & sur son peuple. Le Parlement étoit divisé en deux factions; & comme le Roi tenoit dans ses mains le pouvoir de faire pencher la balance du côté qui lui plaisoit, il tenoit les deux partis dans la soumission. Ainsi accoutumés à de basses complaisances, ils dégénerèrent en esclaves, & par leur prostitution, Henri acquit le despotisme le plus absolu. Il devint rapace, arbitraire, fougueux, vindicatif & si cruel, qu'il sembloit se plaire dans le sang de ses sujets. Il n'eut jamais une affection tendre, & son amitié pour Cranmer fut une inconséquence de son caractère : il fut enterré à Windsor avec la pompe & le faste puérile qu'il avoit tant aimés.

L'étendue de ce Drame historique, dit M. Eschemberg, n'est pas aussi grande que son titre l'indique ; il ne contient que douze ans du règne de Henri VIII. L'action commence à l'emprisonnement du Duc de Buckingham, la treizième année du règne de Henri VIII, & dure jusqu'à la naissance de la Princesse Elisabeth, qui fut ensuite Reine d'Angleterre, c'est-à-dire, jusqu'à la vingt-cinquième année du même règne.

L'entrevue de Henri VIII avec le Roi de France, François Premier, fut ménagée par le Cardinal Wolsey, & se fit l'an 1520, entre Ardres & Guisnes, avec tant de magnificence, qu'on l'appelloit, dit Rymer, *le camp doré*. Hall & Hollingshed en donnent les plus superbes descriptions. La Noblesse Angloise & Françoise s'efforçoient à l'envi de se surpasser en luxe & en dépenses. Plusieurs Seigneurs s'endettèrent de sommes immenses, & pour briller quelques jours, se rendirent malheureux pour toute leur vie. Le Duc de Buckingham fut très-mécontent de cette profusion, & manifesta, dans des conversations publiques, son mécontentement contre le Cardinal, qui avoit ordonné toute la fête. Ses plaintes excitèrent de plus en plus la haine du Cardinal, dont le pouvoir étoit assez grand pour lui en faire ressentir les effets. Buckingham étoit imprudent, indiscret & crédule à l'excès. Un Chartreux profita de son caractère & de sa confiance dans l'Astrologie, & le berça de l'espérance de devenir un jour Roi d'Angleterre. Il n'eut pas la sagesse de garder du moins ce chymérique espoir pour lui seul ; il eut la simplicité de s'en ouvrir quelquefois dans ses discours, & donna lieu par-là au foupçon, qu'il en vouloit à la vie du Roi. Le Cardinal, son adversaire, sut mettre à profit ses indiscrétions, & dressa contre lui une plainte formelle, que son Maître-d'Hôtel se chargea de faire valoir. On interrogea le Duc devant une Commission nommée pour cet effet, & à laquelle le Duc de Norfolk présidoit. Il fut condamné à la mort, & la sentence exécutée sur-le-champ, au grand mécontentement du peuple, qui étoit prévenu en sa faveur, par sa conduite durant l'interrogatoire, & qui fut ému de la plus vive pitié de son sort.

Le mariage de Henri avec Catherine d'Arragon, veuve de son frère, avoit, même avant son accomplissement, causé déja de grandes difficultés. Elle étoit de six ans plus âgée que lui, & avoit perdu beaucoup de ses charmes par des maladies. Tous les enfans qu'il eut d'elle, moururent, excepté une fille, & cette circonstance contribuoit à inquiéter la conscience du Roi ; parce que la loi Mosaïque menace expressément tous ceux, qui auront épousé la femme du frère, de n'avoir point d'enfans, en punition d'un tel mariage. Ces inquiétudes augmentoient tous les jours dans le cœur du Roi, & bientôt il ne désira rien tant que la cassation de son mariage. Pour le faire examiner en règle, & résoudre les doutes que Henri avoit pris lui-même, & confirmés par la lecture de plusieurs Casuistes, il chargea l'Archevêque de Cantorberi de convoquer un Synode des principaux Ecclésiastiques. Ce Synode déclara le mariage du Roi illicite, & contraire aux loix. Le Cardinal Wolsey fit son possible pour confirmer le Roi dans ses doutes. Il sollicita auprès du Pape, Clément VII, le divorce du Roi, & le Pape lui donna son consentement pour un second mariage. L'Empereur en fut très-choqué,

& tâcha, par menaces & par promesses, d'engager le Pape à refuser la confirmation solemnelle de la permission qu'il avoit donnée. Henri & le Cardinal ne cessoient d'insister avec la plus vive chaleur pour l'obtenir. Le Pape, pour ne pas se brouiller avec tous les deux, ordonna une nouvelle Commission, & envoya le Cardinal Campeggio en Angleterre, pour entreprendre, de concert avec Volsey, un second examen.

Après beaucoup de détours & d'intrigues, on rendit à la fin un jugement solemnel, où le Roi & la Reine comparurent en personne. Les particularités de cette séance se passèrent, presque mot pour mot, comme Shakespéar les représente. Néanmoins malgré ce jugement, l'affaire ne fut totalement décidée à Rome que quelque tems après.

Les inquiétudes de conscience n'étoient pas le seul aiguillon qui pressoit le Roi de solliciter la cassation de son mariage ; il y avoit dans son cœur un autre motif beaucoup plus puissant, c'étoit son amour pour une jeune Dame d'honneur de la Reine, Anne Bolein ou Bullen. Elle étoit très-jeune & d'une rare beauté, & le cœur du Roi projettoit de lui donner la main, & de partager son trône avec elle. Il l'avoit déja nommée auparavant Marquise de Pembroke.

Wolsey n'approuvoit pas le projet du Roi ; il vouloit lui faire épouser une Princesse Françoise. Ce fut la première cause du dépit du Roi, qui commençoit alors à changer en doutes & en soupçons son aveugle confiance pour son Ministre. Le Cardinal perdit sa grande fortune & son crédit avec la même rapidité qu'il les avoit acquis. Le Roi lui fit redemander les grands sceaux par les Ducs de Norfolk & Suffolk ; & comme il ne vouloit pas les remettre fans un ordre exprès du Roi, le Roi lui écrivit lui-même une lettre, d'après laquelle il les rendit. Il fut forcé de quitter le château d'York, & de se retirer à la terre d'Asher-Houfe. Shakefpéar a changé plufieurs circonftances de la chûte de Wolfey, particuliérement fa caufe immédiate, quoiqu'il ait en général fuivi fidélement l'Hiftoire. Les accufations les plus graves qu'on avoit inténtées contre lui, fe trouvent prefque toutes tiffues dans fon dialogue avec Suffolk, Norfolk & Surrey. La principale fut, qu'il s'étoit procuré des bulles de Rome, & le plein-pouvoir d'un Légat du Pontife, & qu'il en avoit abufé avec violence; ce qui étoit contraire à une loi du pays, établie par Richard II, & ce qui contribua le plus à la condamnation du Cardinal.

Wolfey ne fupporta pas fon fort avec ce courage ferme, & cette magnanime indifférence que Shakefpéar lui attribue, & qui brillent dans cette fuperbe fcène entre lui & Cranmer, à la fin du troifième acte. Il étoit, au contraire, extrémement abbattu; & la moindre lueur d'efpérance, qui lui promettoit encore la grace du Roi, le féduifoit. Il accepta même quelques afsûrances de cette grace avec une foumiffion rampante.

La queftion tant conteftée, & encore indécife fur le divorce du Roi, fut à la fin terminée l'an 1533, par l'Archevêque de Cantorberi, & le Roi obtint la permiffion de contracter un fecond mariage, qu'il avoit déja confommé en fecret avec Anne de Boulen, un an auparavant. Elle fut alors publiquement déclarée Reine, & couronnée avec toutes les folemnités. Shakefpéar puife les détails de ce Couronnement dans fes fources ordinaires, les Chroniques de Hall & Holingshed.

Le dernier féjour de la Reine Catherine fut à Kimbolton,

DES PIECES HISTORIQUES. xcvij

où elle mourut l'an 1536 d'une longue maladie. Peu avant sa mort elle écrivit encore une lettre pleine d'amour au Roi Henri, dans laquelle elle lui faisoit les plus tendres adieux; cette lettre toucha le Roi jusqu'aux larmes.

Il faut compter parmi les obstacles qu'on opposa aux commencemens de la réforme ecclésiastique en Angleterre, la conspiration tramée contre Cranmer, Archevêque de Cantorberi, & dont le premier moteur étoit l'Evêque de Winchester. Le Roi fit semblant d'écouter les accusations formées contre l'Archevêque, tandis qu'il l'instruisoit lui même des entreprises de ses ennemis, dont les complots contre l'innocent Cranmer échouèrent, & loin de le précipiter, ne firent qu'augmenter encore la faveur du Roi.

La nouvelle Reine accoucha de la Princesse Elisabeth; les solemnités de ce baptême terminent le Drame de Shakespéar, ce fut l'an 1533, peu de tems après son Couronnement solemnel. Sans doute le Poëte avoit le dessein de faire un compliment à la Reine Elisabeth par les prédictions qui la concernent, & qu'il met dans la bouche de l'Archevêque ; il croyoit plus à propos de les placer à la fin du Drame, & ce qui convenoit à son plan, l'intéressoit plus que la suite chronologique des faits qu'il a négligée presque par-tout dans cette Pièce, comme dans ses autres Drames historiques. Sans doute cette même envie de plaire à la Reine alors régnante, lui fit donner par-tout une couleur avantageuse au caractère d'Henri VIII & de sa seconde épouse. Il pouvoit flatter, sans trop choquer la vérité. Il étoit facile de montrer le caractère du Roi d'un côté favorable, parce qu'il avoit réellement de bonnes qualités, quoiqu'il ne manquât pas de mau-

Tome VIII. g

vaises. Il fut d'ailleurs, durant tout son règne, aimé du peuple, qui ne le haït jamais, malgré les cruautés & les exactions qu'il avoit, ou permises, ou ordonnées.

On représente encore, & toujours avec le plus grand succès, ce Drame historique sur le Théatre Anglois. Sa pompe brillante & la solemnité du Couronnement y contribuent; mais ce n'est pas là son seul mérite; elle a des beautés essentielles & frappantes, quoiqu'elle ne soit pas placée au premier rang parmi les Ouvrages de ce Poëte.

Le Prologue & l'Epilogue sont, à ce que présument Johnson & Steevens, ou de Ben Jonson, ou d'un autre Poëte contemporain.

RICHARD II.

PERSONNAGES.

LE ROI RICHARD II.
LE DUC D'YORK,
JEAN DE GAUNT, Duc de Lancaſtre, } *Oncles du Roi.*
BOLINGBROKE, *Fils de* JEAN DE GAUNT, *enſuite Roi d'Angleterre ſous le nom de* HENRI IV.
AUMERLE, *Fils du Duc* D'YORK, *ou* AUMALE, *d'une Ville de Normandie, que les Anglois appellent aujourd'hui* Aubermale. *Leurs anciens Hiſtoriens emploient toujours le nom François.*
MOWBRAY, *Duc de* NORFOLK.
LE COMTE DE SALISBURY.
LE LORD BERKLEY; *il n'y a eu un Comte de* BERKLEY *que quelques ſiècles après.*
BUSHY,
BAGOT, } *Pages du Roi.*
GREEN,
LE COMTE DE NORTHUMBERLAND, } *Amis de*
PERCY, *Fils du Comte de Northumberland,* } *Bolingbroke.*
ROSS, *aujourd'hui Roos, un des titres du Duc de Rutland.*
WILLOUBY.
L'ÉVÊQUE DE CARLILLE, } *Amis du Roi* RICHARD.
ETIENNE SCROOP,
FITZWATER,
SURRY,
L'ABBÉ DE WESTMINSTER, } *Lords du Parlement.*
PIERRE D'EXTON.
LA REINE.
LA DUCHESSE DE GLOCESTER.
LA DUCHESSE D'YORK.
DAMES DE LA COUR DE LA REINE.
HÉRAUTS, DEUX JARDINIERS, UN GARDE, UN MESSAGER, &c.

La Scène ſe paſſe ſucceſſivement dans pluſieurs parties de l'Angleterre.

(†)

(†) LA VIE ET LA MORT DU ROI RICHARD II (1).

ACTE PREMIER.

SCENE PREMIÈRE.

Le Théâtre représente le Palais du Roi.

RICHARD, JEAN DE GAUNT; *une foule de Lords & de Courtisans.*

RICHARD.

Jean de Gaunt, noble Lancaſtre, vieillard chargé d'honneur & d'années, as tu, fidèle à ta promeſſe (2) & à ton ſerment, amené ici ton intrépide

---

(†) L'action de ce Drame commence au cartel donné par Bolingbroke, fils de Gaunt, à Mowbray, Duc de Norfolk, ſur

Tome VIII. A

fils, Henri d'Hereford, pour foutenir devant nous l'audacieux défi qu'il adreffa derniérement au Duc de Norfolk, Thomas Mowbray. Nous n'eûmes pas le loifir d'entendre alors les deux parties.

GAUNT.

Oui, mon Souverain, je l'ai amené.

RICHARD.

Réponds moi encore ; l'as-tu fondé ? Sais-tu, s'il a fait ce défi, pouffé par une vieille haîne ; ou s'il a cédé à la colère vertueufe d'un bon fujet, fondée fur quelque trahifon dont il connoiffe Mowbray coupable ?

GAUNT.

Autant que j'ai pu pénétrer fon ame, c'eft fur l'apparence de quelque complot dangereux tramé par Mowbray contre votre Alteffe, & nullement par le reffentiment perfonnel d'une haîne invétérée.

RICHARD.

Fais les comparoître tous deux en notre préfence ; nous voulons entendre nous-mêmes l'accufateur

---

une accufation de haute trahifon, formée en 1398, & elle finit par le meurtre de Richard dans le château de Pontfret, vers la fin de 1400, ou au commencement de 1401.

& l'accufé parler librement, en face l'un de l'autre, & regards contre regards. Ils font tous deux hautains & violens, & pleins de colère ; & dans leur rage, fourds comme la mer, & rapides comme la flamme.

SCENE II.

Les mêmes, BOLINGBROKE, MOWBRAY.

BOLINGBROKE.

Puissent plufieurs années d'heureux jours être le partage de mon gracieux & bon Souverain !

MOWBRAY.

Puiffe chaque jour enchérir fans ceffe fur le bonheur du jour précédent, jufqu'à ce que le ciel enviant à la terre fes heureux deftins, ajoute à votre Couronne un titre immortel !

RICHARD.

Nous vous remercions tous deux de ces vœux ; cependant il y en a un de vous, qui n'eft qu'un flatteur; j'en juge par le sujet qui vous amène. En effet, ne vous accusez-vous pas mutuellement de haute trahison ? Cousin d'Hereford, que reproches-tu au Duc de Norfolk, Thomas Mowbray.

BOLINGBROKE.

(Que le ciel dépose dans son livre immortel ce que je vais dire.) C'est par le zèle d'un Sujet dévoué, par l'amour tendre que j'ai pour mon Prince, & pour la sûreté de ses jours précieux ; c'est avec un cœur exemt de tout sentiment de haine illégitime, que je parois ici sous le rôle d'accusateur, en présence de mon Roi. — Maintenant, Thomas Mowbray, je me tourne vers toi, & remarque bien le salut que je t'adresse. Car, de ce que je vais avancer, mon corps en répondra sur cette terre, ou mon ame immortelle en répondra dans le ciel. Tu es un traître & un parjure. Tu étois trop bien né pour l'être ; mais tu es devenu trop méchant pour vivre. Plus le cristal du ciel est pur, plus les nuages qui volent sur son sein paroissent noirs & difformes. Et pour aggraver encore plus le reproche, je te ferme la bouche avec le nom d'infâme traître ; & je fais vœu, si c'est le bon plaisir de mon Souverain, de ne jamais sortir de la place où je suis, que mon, épée tirée pour la justice, n'ait prouvé ce que ma bouche affirme.

RICHARD II.

MOWBRAY.

Que la modération de mes paroles ne faſſe pas ici ſuſpecter mon courage. Ce n'eſt pas une guerre de femmes en querelle, ni les aigres clameurs de deux langues animées, qui peuvent décider cette conteſtation entre nous deux. Il bout dans mes veines le ſang qui ſera répandu, pour la terminer. Cependant je ne peux me vanter d'une patience aſſez docile, pour reſter toujours calme & ne rien répondre à tant d'injures. Et c'eſt le reſpect, que m'inſpire votre Alteſſe, qui enchaîne ma langue & m'empêche de m'abandonner ſans contrainte à ma libre réponſe. Sans ce reſpect, ma langue déchaînée ne s'arrêteroit, qu'après qu'elle lui auroit fait rentrer dans la bouche & avaler les noms de trahiſon & de traître. Mettant ici de côté la Royauté du ſang dont il ſort, & oubliant qu'il eſt le parent de mon Souverain, je lui fais défi, & je lui crache au viſage. Je l'appelle un lâche calomniateur, un vil eſclave; & pour le ſoutenir, je lui donnerois toutes ſortes d'avantages, & je marcherois à ſa rencontre, quand il me faudroit courir à pied juſqu'aux chaînes glacées des Alpes, ou dans tout autre pays inhabitable où jamais Anglois n'ait encore oſé imprimer ſes pas. Au reſte, que cette déclaration ſerve de défenſe à ma loyauté : par-tout ce que j'eſpère de bonheur, il ment, autant qu'il eſt poſſible de mentir.

RICHARD II.

BOLINGBROKE.

Pâle & tremblant poltron, vois, je jette là mon gage (†). J'abjure ici la parenté d'un Roi, & je mets à l'écart la noblesse du sang Royal qui m'unit à lui. C'est la peur, & non pas le respect, qui te fait recourir à ce prétexte. Si la frayeur qui accompagne le crime, t'a laissé encore assez de force pour relever le gage de mon honneur, baisse-toi & le ramasse. Par ce gage, & par tous les rites solemnels de la Chevalerie, je te ferai raison, corps à corps & arme contre arme, de ce que j'ai avancé, ou de tout ce que pourroit controuver ta méchanceté.

MOWBRAY.

Je le relève, & je jure par cette épée, qui attacha à ma personne l'honorable titre de Chevalier (¶), que je te ferai raison de toutes les manières qui conviennent à un brave Chevalier : & une fois monté à cheval, que je n'en descende que

---

(†) On sait que le gage étoit un gantelet, un gand de fer, que jettoit l'Appellant, & que ramassoit l'Adversaire, en signe qu'il acceptoit le défi.

(¶) Le Roi, pour créer un Chevalier, lui donnoit, sur l'épaule un coup léger de son épée.

mort, si je suis un traître, & si je combats pour une cause injuste!

RICHARD.

Quel est le fait de l'accusation dont notre cousin charge Mowbray ? Il faut qu'il soit grave, pour qu'elle puisse nous inspirer seulement l'idée de soupçonner son intention d'aucun projet de nuire.

BOLINGBROKE.

Hé bien, ce que j'ai dit, m'a vie est engagée à en prouver la vérité. Mowbray a reçu huit mille *nobles* (†), à titre de dépôt, pour la paie des soldats de votre Altesse, & il les a retenus pour les employer à ses débauches, comme un insigne traître & un odieux malversateur. De plus, je dis, & je le prouverai dans le combat, ou ici ou ailleurs, oui, au bout des pays les plus reculés qu'ait jamais apperçus de loin l'œil Anglois, que toutes les trahisons, qui, depuis dix-huit ans, ont été complotées & machinées dans le Royaume, ont pour premier chef & pour principal auteur, le perfide Mowbray. Je dis encore, & je soutiendrai tous ces griefs aux dépens de sa coupable vie, qu'il a

---

(†) Monnoie d'or qui valoit six schelings huit sols.

comploté la mort du Duc de Glocefter ; qu'il en a fuggéré l'idée à fes ennemis ardens à la faifir, &, par conféquent, que c'eft lui qui, comme un lâche traître, a forcé fon ame innocente de fortir au milieu des ruiffeaux de fon fang : & ce fang, comme celui du facrificateur Abel, crie vers moi du fond des cavernes muettes de la mort ; il me demande juftice, & un châtiment rigoureux : & j'en jure par la nobleffe de ma glorieufe naiffance, ce bras lui fera juftice, ou je perdrai la vie.

RICHARD.

A quelle hauteur s'élève fon intrépide audace ! Thomas de Norfolk, que réponds-tu à cela ?

MOWBRAY.

O, que mon Souverain voulût détourner fon vifage, & commander à fes oreilles d'être un inftant fans entendre, jufqu'à ce que j'aie répondu à cette calomnie qui part de votre fang ; jufqu'à ce que j'aie dit, combien Dieu & les gens de bien déteftent un impofteur fi odieux !

RICHARD.

Mowbray, nos yeux & nos oreilles font impartiales ; il feroit notre frère, il feroit même l'héritier de notre Royaume, comme il n'eft que le fils du frère de mon père, que je jure, par le pouvoir

de

de mon fceptre, que cette parenté fi proche de notre fang facré, ne lui donneroit aucun privilége, & ne plieroit point en fa faveur l'inflexible fermeté de mon ame intègre. Il eſt notre Sujet, Mowbray, comme tu l'es : je te permets de parler librement & fans crainte.

MOWBRAY.

Hé bien, Bolingbroke, depuis le fond de ton cœur, jufqu'à l'organe parjure de ta bouche traîtreffe, tu mens. De cette recette que j'avois pour Calais, j'en ai déboursé les trois quarts pour les foldats de fon Alteffe. J'ai gardé l'autre, fuivant la convention, pour l'acquit de ce qui m'étoit dû par mon Souverain, pour le refte d'un compte d'avances confidérables, dans le dernier voyage que je fis en France, pour aller y chercher la Reine. Commence donc par avaler ce démenti. — Quant à Glocefter, je ne l'ai point affaffiné. Seulement j'avoue à ma honte, qu'en cette occafion j'ai négligé mon devoir, malgré le ferment de le remplir. (*à Gaunt.*) Pour vous, refpectable Duc de Lancaftre, vénérable père de mon ennemi, j'ai dreffé une fois des embûches contre vos jours, crime qui tourmente mon ame & la déchire de remords ; mais avant la dernière fois que j'ai reçu l'hoftie facrée, je l'ai confeffé, & je vous en demandai folemnellement pardon ; & j'efpère que je l'ai obtenu. Voilà mon crime. Pour tous les autres griefs qu'il m'impute, ces accusations partent de la haine du traître le plus vil, le plus lâche & le plus pervers. C'est ce que je soutiendrai hardiment aux dépens de ma vie ; & à mon tour je jette mon gage aux pieds de ce traître présomptueux. Je lui prouverai que je suis un loyal Gentilhomme, aux dépens du sang le plus pur qui soit renfermé dans ses entrailles ; & pour hâter cet instant, je conjure de tout mon cœur votre Altesse d'assigner le jour de notre duel.

RICHARD.

Gentilshommes, que la fureur transporte, que mon autorité vous contienne. Purgeons cette colère sans répandre de sang. Voici notre Ordonnance (*). Oubliez, pardonnez, terminez ensemble, & reconciliez-vous. (*A Gaunt.*) Digne oncle, que cette querelle finisse où elle a commencé : nous appaiserons le Duc de Norfolk : vous, calmez votre fils.

GAUNT.

Il convient assez à mon âge d'être un médiateur de paix. (*A Bolingbroke.*) Rends, mon fils, le gage du Duc de Norfolk.

RICHARD.

Et toi, Norfolk, rends lui le sien.

RICHARD II.

GAUNT.

Hé bien, Henri, quoi? L'obéiſſance te le commande. Je ne devrois pas le répéter deux fois.

RICHARD.

Allons, Norfolk, nous l'ordonnons; point de réplique. Jette ſon gage.

MOWBRAY, *ſe proſternant aux pieds du Roi.*

C'eſt moi, reſpectable Souverain, que je jette à tes pieds. Tu pourras diſpoſer de ma vie, mais non pas de ma honte. Mon devoir te ſoumet l'une ; mais mon beau nom, qui, en dépit de la mort vivra ſur mon tombeau, tu ne l'auras pas pour l'avilir & le déshonorer. Je ſuis accuſé, flétri & inſulté ici (3); percé juſqu'au cœur du trait empoiſonné de la calomnie : il n'eſt point d'autre baume qui puiſſe guérir ma plaie, que le ſang du cœur (†) de l'homme dont la bouche en a exhalé le venin.

RICHARD.

Il faudra bien que cette rage ſe contienne. Donne

(†) Alluſion au ſang de la vipère, qui, ſuivant une vieille notion de Médecine, appliquée ſur ſa morſure, la guériſſoit.

B ij

moi son gage. Les lions (†) apprivoisent les léopards.

MOWBRAY.

Oui, mais ils ne peuvent effacer leurs taches. Efface mon déshonneur, & je cède mon gage. Mon cher & bien aimé Maître, le trésor le plus pur que puisse donner cette vie mortelle, c'est une réputation sans tache. Otez ce bien, les hommes ne sont plus qu'une terre dorée, une argile peinte. Le diamant précieux enfermé sous les dix verroux d'un coffre fort, c'est le courage dans un cœur loyal. Mon honneur est ma vie. Tous deux ne font qu'un. Si vous m'ôtez l'honneur, je n'ai plus de vie. Ainsi, mon cher Souverain, laissez-moi défendre mon honneur; c'est par lui que je vis, & je mourrai pour lui.

RICHARD.

Cousin, jettez votre gage : obéissez-vous?

BOLINGBROKE.

Que le ciel préserve mon ame d'une bassesse aussi honteuse ! Paroîtrai-je le front humilié à la vue de mon père, & dementirai-je ma fierté par le visage pâle d'un suppliant devant ce lâche que j'ai bravé ?

(†) C'étoient les armes des deux Familles.

RICHARD II.

Avant que ma langue outrage mon honneur par cette lâcheté, & profère une rétractation aussi ignominieuse, mes dents déchireront le servile instrument de la crainte qui se dément, & le cracheront sanglant au front de cet homme où siége la honte, à la face de Mowbray. (*Gaunt sort.*)

RICHARD.

Nous ne sommes pas nés pour demander des graces, mais pour donner des ordres. Puisque nous ne pouvons pas vous commander d'être amis, songez à vous rendre, ou vos têtes m'en répondront, à Coventry le jour de Saint-Lambert. C'est-là que vos épées & vos lances décideront la querelle aigrie de votre haine obstinée. Puisque nous ne pouvons pas vous reconcilier, vous verrez la justice décider l'honneur du vainqueur.

Lord Maréchal, ordonnez à nos Officiers d'être en armes & de se tenir prêts, pour diriger cette guerre domestique.

SCENE III.

*La Scène change, & se passe dans le
Palais du Duc de Lancastre.*

GAUNT, LA DUCHESSE DE GLO-
CESTER, *veuve du Duc assassiné, &
sœur de Gaunt.*

GAUNT.

Hélas! le sang qui coule dans mes veines, est une portion du sang de Glocester. Sa voix me sollicite plus fortement que vos clameurs à poursuivre les cruels assassins de ses jours. Mais, puisque le châtiment réside dans des mains qui ont fait le crime que nous ne pouvons punir, remettons notre cause à la volonté du ciel. Le ciel, dès que le tems aura mûri l'heure de la vengeance, la fera pleuvoir à grands flots sur la tête des coupables.

LA DUCHESSE.

Le titre de frère ne trouvera-t-il donc pas en toi plus de zèle & d'ardeur ? Ne reste-t-il dans ton sang refroidi aucune étincelle, que l'amour des tiens rallume? Les sept enfans (4) d'Edouard, dont toi-même es le fils, étoient sept belles tiges sorties d'une seule racine. Les unes ont été desséchées par le cours de la nature ; les autres ont été tranchées par la destinée. Mais Thomas, mon cher époux, ma vie, mon cher Glocester, ce rameau florissant, issu du tronc Royal, a été tranché dans son été par le couteau sanglant du meurtre. Ce vase précieux a été brisé par la main de la haine, & le sang d'Edouard a été répandu sur le pavé. Ah! Gaunt, son sang étoit le tien. La couche, le sein, le lait, les flancs qui t'ont formé, l'ont aussi formé; & quoique tu paroisses respirer & vivre, tu es assassiné du coup qui l'a tué. Tu consens donc à la mort de ton père, puisque tu le vois tranquillement périr dans ton malheureux frère, qui étoit l'image vivante de ton père. N'appelle point cela patience, Gaunt; c'est désespoir. En souffrant ainsi qu'on égorge ton frère, tu montres à découvert le chemin qui mène à tes jours; tu enseignes au farouche meurtrier à t'assassiner. Ce que nous appellons patience dans les ames vulgaires, est bassesse & lâcheté dans les grands cœurs. Que te dirai-je enfin? Pour mettre ta vie en sûreté, le meilleur moyen, c'est de venger la mort de mon cher Glocester.

GAUNT.

Cette cause n'a que Dieu pour juge. C'est le

repréſentant de Dieu, ſon Lieutenant conſacré à ſes Autels & ſous ſes yeux, qui eſt l'Auteur de ſa mort ; s'il a fait un crime, que Dieu le venge : pour moi, je ne pourrois jamais lever un bras armé contre ſon auguſte Miniſtre.

LA DUCHESSE.

A qui donc, hélas ! pourrai-je me plaindre ?

GAUNT.

Au ciel, qui eſt le défenſeur & l'appui de la veuve.

LA DUCHESSE.

Hé bien, je me plaindrai à lui. Adieu, vieillard ; adieu. Tu vas à Coventry pour voir le combat de notre couſin d'Hereford & du farouche Mowbray. Oh ! charge du meurtre de mon époux la lance d'Hereford, afin qu'elle entre plus avant dans le cœur de l'aſſaſſin Mowbray. Ou, ſi le malheur ne l'atteint pas dans la première courſe, que le poids de ſes crimes le précipite de ſon courſier écumant, & le renverſe ſur l'arène ; ſcélérat (5), vaincu & terraſſé ſous les pieds de mon couſin d'Hereford ! Adieu, Gaunt. Celle qui fut quelque tems la femme de ton frère, n'a plus d'autre ſociété que ſa douleur, avec laquelle il lui faut finir ſes jours.

GAUNT,

RICHARD II.

GAUNT.

Adieu, ma sœur; il faut que je me rende à Coventry. Puisses-tu trouver autant de bonheur dans ta solitude, que je souhaite en trouver dans mon voyage!

LA DUCHESSE.

Hé, un mot encore. La douleur, quand elle est profonde & vraie, est un poids qui ne tombe que pour réjaillir : à peine sortie du cœur, elle y rentre aussi-tôt. Je prends congé de toi, avant que je t'aie encore rien dit ! car la douleur croit avoir fini, qu'elle n'a pas encore commencé.—Recommande-moi à mon frère Edmond York.... Oui, voilà tout, je crois.... Eh! non, ne me quitte pas encore : quoique je t'aie tout dit, ne me quitte pas si vîte.,... Je m'en rappellerai encore.... Dis-lui....Ciel! quoi?.... Dis-lui de se hâter de venir me voir à Plastrie.... Hélas, que viendra-t-il y voir, ce bon vieillard, que des appartemens déserts, des murailles nues (†) & dépouillées, des emplois vacans, des salles dépeuplées, & dont le pavé n'offre plus aucun vestige

___

(†) Dans les anciens châteaux d'Angleterre, les murs de pierre étoient simplement couverts de tapisserie de haute-lice, suspendue à des crochets, & qu'il étoit aisé d'enlever à chaque déménagement. *Stéevens.*

humain. Et quel autre falut recevra-t-il à fon arrivée, que mes gémiffemens ! Non, contente-toi de me recommander à lui.... Qu'il ne vienne pas ici chercher la trifteffe qui remplit ces lieux : & moi, défolée, défefpérée, je veux les quitter auffi.... & mourir. Mes yeux en pleurs te difent le dernier adieu.

(*Ils fortent & fe féparent.*)

SCENE IV.

La Scène eft à Coventry, & repréfente la lice avec tout l'appareil antique de ces combats finguliers, dont toutes les formalités vont être obfervées fuivant les loix de la Chevalerie.

LE LORD MARÉCHAL (†), LE DUC D'AUMERLE.

LE MARÉCHAL.

Lord Aumerle, Henri d'Hereford eft-il arrivé ?

―――――――――――

(*) Ou Connétable.

RICHARD II.

AUMERLE.

Oui, armé de toutes pièces, & il brûle d'entrer dans la lice.

LE MARÉCHAL.

Le Duc de Norfolk, plein d'allégresse & d'audace, n'attend que le signal de la trompette de l'Appellant.

AUMERLE.

Ainsi les deux champions sont tout prêts ; & l'on n'attend plus que l'arrivée de Sa Majesté.

(Les trompettes sonnent. Le Roi entre, suivi de sa Cour. Lorsqu'ils sont placés, paroît le Duc de Norfolk, couvert de son armure.)

LE ROI.

Maréchal, demandez à ce champion son nom, & le sujet qui l'amène ici couvert de ses armes. Procédez par ordre, & faites lui jurer la justice de sa cause.

LE MARÉCHAL, *à Mowbray* (†).

Au nom de Dieu & du Roi, dis, qui tu es, &

_____

(†) Suivant l'Histoire, ce fut le Duc d'Hereford qui parut le premier sur le champ de bataille, comme plaignant & agresseur, ce qui est plus conforme à l'ordre & à la nature de ces combats. *Stéevens*.

C ij

pourquoi tu viens ainfi armé en Chevalier : contre qui viens-tu combattre, & quelle eft ta querelle ? Réponds la vérité, fur ta foi de Chevalier & fur ton ferment ; & après, que le ciel & ta valeur te défendent!

MOWBRAY.

Mon nom eft Thomas Mowbray, Duc de Norfolk. Je viens ici, engagé par mon ferment (que le ciel préferve un Chevalier de le violer jamais !) j'y viens défendre ma loyauté & ma fidélité envers Dieu, mon Roi & ma poftérité, contre le Duc d'Hereford, qui eft l'Appellant ; & par la grace de Dieu, & le fecours de ce bras, je viens lui prouver, à ma juftification, que c'eft lui qui eft traître à mon Dieu, à mon Prince & à moi. Que le ciel me défende, comme la caufe qui me fait combattre, eft jufte !

(Les trompettes fonnent. Paroît Bolingbroke, l'Appellant, en armes.

LE ROI.

Maréchal, demande à ce Chevalier qui s'avance armé, qui il eft, & pourquoi il vient ici vêtu de fes habits de guerre ; &, conformément à nos loix, fais lui rendre témoignage, dans les formes, fur la juftice de fa caufe.

LE MARÉCHAL.

Quel est ton nom, & pourquoi parois-tu ici devant le Roi Richard, dans sa lice Royale ? Contre qui viens-tu, & quelle est ta querelle ? Réponds, comme un loyal Chevalier ; & que le ciel te défende !

BOLINGBROKE.

Je suis Henri d'Hereford, de Lancastre & de Derby, & je suis ici armé pour prouver, si je suis secondé de Dieu & de ma valeur personnelle, à Thomas Mowbray, Duc de Norfolk, qu'il est un vil & dangereux traître au Dieu des Cieux, au Roi Richard & à moi ; que le Ciel me défende, comme je combats pour la vérité !

LE MARÉCHAL.

Sous peine de mort, que personne n'ait la hardiesse & l'insolence (†) de toucher seulement les barrières de la lice, excepté le Maréchal & les Officiers chargés de présider à ces nobles combats.

(†) Il étoit défendu, sous peine de mort, d'approcher de quatre pieds des barrières, ni de prononcer aucun mot, de faire aucun signe ou geste, dont aucun des champions pût tirer avantage. *Gray.*

BOLINGBROKE.

Lord Maréchal, permets que je baise les mains de mon Souverain, & que je fléchisse le genou devant Sa Majesté ; car Mowbray & moi nous ressemblons ici à deux hommes qui font vœu d'accomplir un long pélerinage : prenons donc solemnellement congé de nos nombreux amis, & recevons l'adieu de leur tendresse.

LE MARÉCHAL, *au Roi*.

L'Appellant salue respectueusement Votre Majesté ; il desire vous baiser la main, & prendre congé de vous.

LE ROI.

Nous voulons descendre & le serrer dans nos bras.— Cousin d'Hereford, que ta fortune réponde à la justice de ta cause, dans ce combat Royal ! Adieu, mon sang: si tu le répands aujourd'hui, nous pouvons pleurer ta mort, mais non te venger.

BOLINGBROKE.

Qu'aucun de ces illustres témoins ne profane une larme pour moi, si mon sang est versé par la lance de mon Adversaire. Avec la confiance d'un Faucon qui fond sur un oiseau, je cours combattre Mowbray.—Mon cher Souverain, je prends congé de vous,

& de vous Lord Aumerle, mon noble cousin. J'ai affaire avec la mort; mais je ne suis pas un malade languissant & foible. Je suis jeune, plein de vigueur, & je respire la vie avec force. (*A Gaunt.*) Et, en cet instant, comme aux fêtes Angloises, où l'on garde la santé la plus chère pour le dernier salut, afin de finir la fête par ce qu'il y a de plus doux ; ô toi, auteur terrestre de mon sang, dont les esprits régénérés en moi m'élèvent avec force pour atteindre la couronne que me montre la Victoire au-dessus de ma tête, rends, par tes prières, mon armure impénétrable ; aiguise, par ta bénédiction, la pointe de ma lance, afin qu'elle pénètre la cuirasse de Mowbray comme la cire, & que le nom de Jean de Gaunt reprenne un lustre nouveau dans la conduite vigoureuse de son fils.

GAUNT.

Que le ciel te fasse prospérer dans la justice de ta cause ! Sois prompt, comme l'éclair, dans l'attaque, & que tes coups redoublés tombent comme un tonnerre sur le casque étonné de ton dangereux ennemi : que ton jeune sang s'anime ; sois vaillant, & vis !

BOLINGBROKE.

Que mon innocence & Saint-George secondent tes vœux !

RICHARD II.

MOWBRAY.

Quel que soit le sort que le ciel ou la fortune me prépare, (*mettant la main sur son cœur*) ici vit, ou va mourir, un Gentilhomme loyal, juste & vrai, fidèle au trône du Roi Richard. Jamais captif n'a secoué d'un cœur plus libre les chaînes de son esclavage, ni embrassé avec plus de joie l'instrument précieux de son affranchissement parfait, que mon ame ne ressent de transports, en célébrant cette fête de bataille avec mon Adversaire. — Puissant Souverain, & vous, mes Compagnons & mes Pairs, recevez de ma bouche ce vœu : Que vos années soient heureuses ! Aussi joyeux, aussi gai, que si j'allois à des jeux (†), je vole au combat : l'innocence a un cœur tranquille.

LE ROI.

Adieu, Milord. Je vois la valeur & la vertu peintes dans ton œil assuré. — Maréchal, ordonnez le combat.

LE MARÉCHAL.

Henri d'Hereford, de Lancastre & de Derby, reçois ta lance ; & que le ciel défende tes droits !

(†) *To jest* signifie quelquefois, dans le vieux langage, jouer un rôle dans une mascarade. *Farmer.*

BOLINGBROKE.

BOLINGBROKE.

Appuyé sur l'espérance & ferme comme une tour, je m'écrie : que le ciel vous exauce !

LE MARÉCHAL, *à un Officier.*

Va porter cette lance à Thomas, Duc de Norfolk.

PREMIER HÉRAUT.

Henri d'Hereford, de Lancastre & de Derby, est ici pour Dieu, pour son Souverain & pour lui-même, engagé, sous peine d'être un imposteur & un lâche, à prouver que le Duc de Norfolk, Thomas Mowbray, est un traître à Dieu, à son Prince & à lui-même ! & il le défie de s'avancer pour combattre.

SECOND HÉRAUT.

Thomas Mowbray, Duc de Norfolk, sous peine d'être un imposteur & un lâche, est ici pour se défendre & prouver, que Henri d'Hereford, de Lancastre & de Derby, est déloyal & traître à Dieu, à son Souverain & à lui : plein de courage & d'ardeur, il n'attend que le signal pour commencer le combat.

(*On sonne la charge.*)

RICHARD II.

LE MARÉCHAL.

Sonnez, trompettes : combattans, partez......
Mais, arrêtez.—Le Roi vient de baisser son sceptre(†).

LE ROI.

Que tous deux déposent leurs casques & leurs lances, & qu'ils retournent reprendre leurs places. (*Au Maréchal.*) Retirez-vous de notre côté; & que les trompettes sonnent jusqu'au moment où nous allons déclarer nos ordres à ces Ducs.

(*Longue fanfare. Ensuite le Roi adresse la parole aux deux Combattans.*)

Approchez..... Ecoutez, ce que nous venons d'arrêter avec notre Conseil. La terre de notre Royaume ne sera point souillée d'un sang qui lui est cher & qu'elle a nourri; & nos yeux haïssent l'affreux spectacle des plaies civiles faites par des épées citoyennes. Nous pensons que ce sont les élans ambitieux d'un orgueil trop exalté, & les mouvemens jaloux d'une haine rivale, qui vous excitent à (¶) réveiller la Paix qui dormoit d'un sommeil pur & tranquille dans le sein de notre

---

(†) *Warder*, espèce de bâton de commandement, porté par la personne qui présidoit à ces combats. *Stéevens.*

(¶) Réveiller la Paix, c'est introduire la Discorde.

RICHARD II.

Isle. Ces premières alarmes, ce bruit tumultueux des tambours, ces aigres clameurs des trompettes retentissantes, ce choc effrayant de vos armes sanglantes & furieuses, pourroient épouvanter la belle Paix, la faire fuir de nos tranquilles contrées, & forcer nos bras à se baigner dans le sang de nos freres. Pour prévenir ces maux, nous vous bannissons de notre territoire. —Vous, cousin d'Hereford, sous peine de mort, vous ne resaluerez point notre bel Empire avant que dix étés aient enrichi nos plaines, & vous suivrez les routes étrangères de l'exil.

BOLINGBROKE.

Vous serez obéi. — La consolation qui me reste, c'est que le soleil qui vous échauffe ici, luira aussi sur moi; & ces rayons d'or, qu'il vous prête en ces climats, doreront aussi les lieux de mon exil.

LE ROI.

Norfolk (†), un arrêt plus rigoureux t'est réservé;

(†) Il est à remarquer que Richard prononça cet Arrêt contre Mowbray, le même jour, un an après, que le Duc de Glocester avoit été assassiné à Calais par Mowbray, de l'ordre de Richard. Richard ne voulut pas soumettre à la décision du combat & du sort les soupçons de cet assassinat, & il étoit bien aise d'avoir un prétexte d'éloigner Bolingbroke, dont il craignoit le caractère & les prétentions. *Laurent Echard.*

je sens quelque répugnance à le prononcer. Les heures, qui pour toi vont se traîner lentement, ne te montreront point les limites indéterminées de ton triste exil. Ce mot, qui ne laisse aucun espoir, ne *revenir jamais*, je le prononce contre toi sous peine de la vie.

MOWBRAY.

Cet arrêt est bien dur, mon auguste Souverain: il sort de votre bouche bien imprévu pour moi. J'ai mérité, de la main de Votre Majesté, un traitement plus favorable, & non une mutilation aussi cruelle, que celle d'être jetté hors de ma Patrie dans le vuide affreux de l'air. Maintenant il me faut oublier le langage de mon pays, que j'ai appris dès mon berceau, que j'ai parlé quarante ans de ma vie ! Ma langue sera désormais pour moi un organe aussi inutile, que la harpe sans cordes, enfermée dans son étui, ou placée dans la main d'un homme qui ignore ses accords & son harmonie (2*); & la stupide, l'insensible ignorance est le compagnon qui m'est donné pour suivre mes pas : je suis trop vieux, pour caresser une seconde nourrice & rapprendre un nouveau langage. Votre arrêt, en privant ma langue de ses sons naturels, me condamne à un silence éternel, qui équivaut à la mort.

RICHARD II.

LE ROI.

Tu te lamentes en vain. Après notre sentence, la plainte vient trop tard.

MOWBRAY.

Je pars donc, & je vais m'éloigner de la lumière de mon pays, pour me plonger dans les ténèbres profondes d'une nuit sans fin.

LE ROI.

Revenez encore, & faites devant nous un serment. Posez sur notre épée royale vos mains proscrites. Jurez par l'obéissance que vous devez au ciel (car pour celle que vous nous devez (6), nous l'abjurons en vous bannissant), de garder le serment, que nous vous faisons prêter. Jurez, par le ciel & la vérité, que jamais, dans votre exil, vous ne redeviendrez amis; que jamais ces sombres regards dont vous vous menacez, ne s'adouciront; que jamais, ni par écrit, ni par aucun salut, après le sinistre éclat de votre haine, née dans votre Patrie, vous ne vous réconcilierez; que jamais vous ne vous réunirez à dessein de tramer aucun complot contre nous, nos Sujets & notre Royaume.

BOLINGBROKE.

Je le jure.

MOWBRAY.

Et moi aussi, je jure d'observer tous ces articles.

BOLINGBROKE.

Norfolk, jusqu'ici je t'ai parlé comme à mon ennemi; & bientôt, si le Roi nous l'avoit permis, une de nos ames auroit erré dans les airs, bannie de cette frêle prison de chair, comme notre corps est maintenant banni de ce pays : à présent, confesse tes trahisons, avant de fuir de ce Royaume. Puisque tu as tant de chemin à faire, n'emporte pas avec toi l'accablant fardeau d'une conscience coupable.

MOWBRAY.

Non, Bolingbroke : si jamais je fus un traître, que mon nom soit effacé du livre des cieux, & moi banni du céleste séjour, comme je le suis de ces lieux. Mais, ce que tu es, le ciel & toi le savent : & je crains bien que le Roi ne se repente bientôt. — Adieu, mon Souverain. Maintenant je ne puis plus m'égarer : excepté la route qui ramène en Angleterre, l'univers est mon chemin. (*Il sort.*)

RICHARD II.

SCENE V.

Les mêmes.

LE ROI, à *Gaunt*.

Oncle, je lis dans tes yeux le chagrin de ton cœur; la tristesse peinte sur ton visage a retranché quatre années du nombre des années de son absence (*A Bolingbroke.*) Après que les glaces de six hivers se seront écoulées, reviens de ton exil, & tu seras bien reçu dans ta Patrie.

BOLINGBROKE.

Quel long espace de tems renfermé dans un seul mot! Quatre mortels hivers & quatre rians printems ont bientôt fini dans une parole! Tel est l'effet de la voix des Rois.

GAUNT.

Je rends graces à mon Souverain, qui, par égard pour moi, abrège de six années l'exil de mon fils; mais je ne profiterai guère de cette grace. Car, avant que les six années qu'il doit épuiser, aient changé leurs lunes & fini leur révolution, la vieillesse m'aura éteint. Du flambeau de ma vie, que le tems a consumé, que me reste-t-il, qu'une lueur qui expire? Avant fon retour, la mort m'aura plongé dans la nuit éternelle, & mes yeux fermés pour jamais, ne reverront point mon fils.

LE ROI.

Pourquoi? Tu as encore plufieurs années à vivre.

GAUNT.

Mais dans ces années, il n'y a pas une minute que tu puiffes me donner. Roi, tu peux bien abréger mes jours & mes nuits par le noir chagrin ; mais tu ne peux me prêter un lendemain. Tu peux aider les années & la vieilleffe à creufer les rides fur mon front ; mais tu n'en peux effacer un feul. Ton arrêt confpire avec le tems pour hâter ma mort ; mais moi mort une fois, le prix de ton Royaume ne peut racheter ma vie (†).

(†) C'eft une réflexion trifte, que toutes les facultés de l'homme lui donnent plus de pouvoir pour le mal, que pour le bien. *Johnfon.* — Il eft vrai que la main du pouvoir, de la force ou de la trahifon, peut nous ôter la vie & ne peut pas nous la rendre : mais Shakefpéar n'a pas intention de faire là une réflexion univerfelle ; un bon Prince peut rendre tout un peuple heureux, & la méchanceté d'un mauvais ne peut jamais frapper qu'une partie du peuple ; quand la tyrannie devient univerfelle, elle fe détruit elle-même aux dépens de l'oppreffeur ; ainfi la réflexion de Johnfon n'eft pas généralement vraie. *Miftrifs Griffith.*

RICHARD II.

LE ROI.

Ton fils est banni d'après une mûre délibération, où ta voix même a donné son suffrage. Pourquoi donc maintenant sembles-tu censurer notre Justice ?

GAUNT.

Il est des choses qui douces au goût, sont dures à digérer. Vous m'avez pressé comme Juge, mais j'aurois bien mieux aimé, que vous m'eussiez ordonné de parler en père. Ah ! si au lieu de mon fils, c'eût été un étranger, pour adoucir sa faute, j'aurois été plus indulgent. (*Se tournant vers les Lords.*) Je vous regardois tous ; j'espérois que quelqu'un diroit, que j'étois trop sévère, de bannir ainsi mon propre fils : mais vous avez laissé ma langue bégayante me faire à moi-même cette plaie contre le gré de mon cœur. J'ai cherché à me garantir du reproche de partialité ; & dans la sentence que j'ai prononcée, j'ai détruit ma vie (†).

LE ROI, *à Bolingbroke.*

Adieu, cousin : & vous, oncle, faites-lui aussi les vôtres : nous le bannissons pour six ans ; il faut qu'il parte. (*Il sort.*)

(†) Peinture vraie du combat entre le penchant de l'homme & ses principes. *Johnson.*

Tome VIII. E

SCENE VI.

Les autres demeurent.

AUMERLE.

Cousin, adieu. Puisque votre préfence ne nous fera plus connoître en quels lieux vous êtes, que vos lettres nous l'apprennent.

LE MARÉCHAL.

Milord, moi je ne prends point congé de vous; je vous accompagnerai, tant que la terre portera nos chevaux.

GAUNT, (*à fon fils qui eft demeuré dans un morne filence.*

Hélas! pourquoi renfermer toutes tes paroles dans ce filence obftiné? Tu ne rends aucun falut à tes amis?

BOLINGBROKE.

Je n'ai pas affez de paroles, pour vous faire mes adieux; je n'en ai pas affez, pour épuifer la douleur dont mon cœur eft plein.

GAUNT.

Cet exil qui t'afflige, n'est qu'une absence passagère.

BOLINGBROKE.

Pendant tout ce tems le bonheur sera loin de moi; & ma douleur toujours présente.

GAUNT.

Qu'est-ce que six hivers ? Ils passent bien vîte.

BOLINGBROKE.

Oui, pour les hommes qui sont heureux; mais la tristesse fait d'une heure une journée.

GAUNT.

Suppose que c'est un voyage, que tu entreprends pour ton plaisir.

BOLINGBROKE.

Mon cœur ne sera pas dupe de ce faux nom; il sentira trop, que c'est un voyage forcé, & il en soupirera.

GAUNT.

Console ta tristesse, en songeant que chaque pas qui t'éloigne de ta Patrie, accélère l'instant fortuné de ton retour dans son sein.

BOLINGBROKE.

Dites plutôt, que chaque pas que je vais faire, me rappellera la vaste distance qui me sépare des chers objets que j'aime. Ne me faudra-t-il pas faire un long apprentissage dans ces contrées étrangères; & lorsqu'à la fin j'aurai regagné ma liberté, quelle autre gloire aurai-je recueillie, que d'avoir été tout ce tems victime de la douleur?

GAUNT.

(†) Tous les lieux que l'œil des Cieux visite, sont pour le sage des ports & des asyles heureux (¶). Apprends cette leçon à ton sort inévitable. Mon fils, il n'est point de vertu, comme la nécessité. Persuade toi, que ce n'est pas le Roi qui t'a banni, mais toi qui as banni le Roi. — Le malheur s'appesantit davantage sur l'homme, qu'il voit plier sous son fardeau: oublie que c'est le Roi qui t'a exilé, & dis-toi, que c'est ton pere qui t'a envoyé chercher de l'honneur;

(†) Johnson pense que ces quatorze vers rétablis par Pope & Théobald, avoient été retranchés par le Poëte lui-même. Rien n'est si ordinaire aux Auteurs dramatiques, que d'abréger leur dialogue par des retranchemens, dont, à leur défaut, les Comédiens se chargent aussi.

(¶) Paraphrase poétique d'un ancien proverbe Anglois: *Tout lieu est la maison d'un honnête homme.*

ou bien suppose encore, que la peste dévorante est suspendue dans notre atmosphère, & que tu fuis vers un climat plus pur. Vois ce que ton cœur a de plus cher ; imagine qu'il est dans les lieux où tu vas, & non dans ceux que tu quittes. Entends nos concerts dans le chant des oiseaux; vois dans le gazon que fouleront tes pieds, les riches tapis de tes appartemens, & les cercles de nos belles dans les grouppes de fleurs (* 3). La dent du chagrin rongeur a moins de prise sur l'homme qui le brave & le dédaigne.

BOLINGBROKE.

Hé ! suffit-il de songer aux glaces du Caucase, pour pouvoir supporter dans sa main les charbons ardens ; aux ardeurs d'un été fantastique, pour se plonger nud, sans être glacé, dans les neiges de Décembre? Emousse-t-on (†) le tranchant de la faim par la seule idée d'un festin imaginaire ? Non. L'idée des biens absens ne fait qu'accroître le sentiment des maux présens. La dent

───────────────

(†) Il y a un passage semblable dans le cinquième Livre des Tusculanes de Cicéron. Il dit, en parlant d'Epicure : *Sed unâ se dicit recordatione acquiescere præteritarum voluptatum ; ut si quis æstuans, cùm vim caloris non facile patiatur, recordari velit, se aliquando in Arpinati nostro gelidis fluminibus circumfusum fuisse. Non enim video, quomodo sedare possint mala præsentia præteritæ voluptates.* Les Tusculanes de Cicéron étoient traduites du tems de Shakespéar. *Steevens.*

cruelle de la douleur n'envenime jamais tant la bleſ-
ſure, que lorſqu'elle l'égratigne légérement, au lieu
d'ouvrir une large plaie (†).

GAUNT.

Allons, viens, mon fils ; je vais te mettre dans
ton chemin. Si, avec ta cauſe, j'avois ta jeuneſſe, je
ne te laiſſerois pas partir ſeul.

BOLINGBROKE.

Adieu donc, belle Angleterre; adieu, terre chérie
qui m'as donné le jour, qui m'as nourri & qui me
portes encore. Dans quelque lieu que je ſois, je
pourrai du moins me vanter d'une choſe : c'eſt d'être
toujours, quoique banni, un loyal & fidèle Anglois.

(†) Rarement lorſque nous commençons à nous conſoler d'un
malheur, c'eſt la force de l'homme qui augmente ; c'eſt plutôt
le ſentiment de ce malheur qui s'affoiblit & diminue.

ACTE II.

SCÈNE PREMIERE (†).

Le Théâtre repréſente la Cour.

LE ROI, BAGOT, GREEN *entrent par une porte*, LE LORD AUMERLE *par l'autre.*

LE ROI.

Oui, nous en avons fait la remarque..... Couſin Aumerle, juſqu'où as-tu conduit le grand d'Hereford dans ſon chemin ?

AUMERLE.

J'ai conduit le grand d'Hereford, puiſqu'il vous

___

(†) Diſtribution des actes ſuivant Johnſon; c'eſt entre cette ſcène & la ſuivante qu'il s'écoule le plus de tems, pour que Jean de Gaunt puiſſe accompagner ſon fils, revenir & tomber malade.

plaît de lui donner ce nom, jusqu'au grand chemin le plus voisin, & je l'ai quitté là.

LE ROI.

Et dis-moi, combien de larmes a-t-on répandues au moment de la séparation ?

AUMERLE.

Certes, quant à moi, je n'en ai répandu aucune; à moins que le vent de nord-est, qui nous souffloit alors cruellement au visage, n'ait amassé dans mes yeux l'humeur de mon cerveau, & n'ait ainsi, par hasard, honoré d'une larme nos adieux hypocrites.

LE ROI.

Qu'a dit ton cousin, lorsque tu es venu à le quitter ?

AUMERLE;

Il m'a dit, *adieu :* & comme mon cœur ne pouvoit souffrir que ma langue profanât ce mot (†), je me suis avisé de contrefaire l'accablement d'un chagrin profond qui étouffoit ma voix. Vraiment, si le mot, *adieu*, prononcé par moi, avoit pu multiplier les

---

(†) Les deux mots Anglois *farewell*, qui répondent à notre *adieu*, signifient proprement *fois heureux*.

années & allonger les heures de son trop court exil, oh! il auroit eu de ma bouche un millier d'adieux; mais comme mes adieux n'avoient pas ce pouvoir, il n'en a point eu de moi.

LE ROI.

Cousin, il est notre proche parent : mais il est bien incertain le tems qui le ramenera de l'exil dans son pays; oui il est douteux, que notre parent revienne jamais voir ses amis. Nous-mêmes & Bushy, & Bagot que voilà, & Green aussi, nous avons observé les caresses qu'il faisoit au menu peuple; comme il cherchoit à s'insinuer dans leurs cœurs par des manieres populaires & familieres; quels respects il prostituoit à des misérables, s'étudiant à gagner les derniers artisans par des sourires & par une soumission patiente à sa fortune, comme s'il eût voulu me ravir leur amour & l'emporter en exil avec lui. Son bonnet voloit de sa tête, pour saluer la plus vile marchande de la place publique. J'ai vu deux Brasseurs lui dire : *Dieu veuille le conduire*, & recevoir aussi-tôt l'hommage de son genou fléchi, avec ces mots : *Je vous rends graces, mes compagnons, mes bons amis;* comme si notre Angleterre étoit son patrimoine, & qu'il y fût le premier héritier offert à l'espérance de nos Sujets.

GREEN.

Il est parti; bannissons avec lui toutes ces idées.....

Maintenant, fongeons aux rebelles foulevés dans l'Irlande; il faut, mon Prince, fe hâter de leur faire face, avant que de plus longs délais multiplient leurs moyens à leur avantage & à la ruine de Votre Majefté.

LE ROI.

Nous voulons aller nous-mêmes en perfonne à cette guerre; & comme nos tréfors, vu l'affluence de notre Cour, & l'étendue de nos largeffes, font devenus un peu légers, nous nous trouvons forcés d'affermer notre Royaume, pour fournir à nos entreprifes préfentes. Si ce revenu ne fuffifoit pas, nous laifferons des blancs-feings à nos Lieutenans qui gouverneront en notre abfence; ils auront ordre de les foufcrire des noms des riches, lorfqu'ils feront parvenus à les connoître, & de leur impofer de grandes fommes d'or, qu'ils nous enverront pour faire face à nos befoins : car nous voulons partir fans délai pour l'Irlande.

SCENE II.

Les Acteurs précédens; BUSHY;

RICHARD.

Quelles nouvelles, Bushy?

BUSHY.

Le vieux Jean de Gaunt, Seigneur, est dangereusement malade; il a été pris de mal subitement, & il a envoyé un exprès en diligence pour prier Votre Majesté d'aller le visiter.

LE ROI.

Où est-il?

BUSHY.

A sa maison d'Ely.

LE ROI.

Ciel, inspire à son Médecin la pensée de l'aider à descendre promptement dans sa tombe. Ses coffres fourniroient des habits à nos soldats pour cette guerre. Venez, Gentilshommes; allons tous lui faire visite: & prions le Ciel, qu'en faisant diligence, nous arrivions trop tard.

SCENE III.

La Scène repréſente le Palais d'Ely.

GAUNT *eſt porté foible & mourant dans l'appartement où il doit recevoir le Roi ; le* DUC D'YORK *eſt avec lui.*

GAUNT.

LE Roi viendra-t-il ? Pourrai-je, à mon dernier ſoupir, donner encore un avis ſalutaire à ſa jeuneſſe inconſidérée ?

LE DUC D'YORK.

Ceſſez de vous tourmenter vous-même, & ne fatiguez pas par cet effort votre voix mourante ; car c'eſt bien en vain que les ſages conſeils frappent ſon oreille.

GAUNT.

On dit pourtant, qu'il eſt dans la voix des mourans une eſpèce de charme qui captive l'attention; & qu'une voix qui va s'éteindre eſt plus écoutée que ceux qui, pleins de jeuneſſe & de ſanté, prodiguent à loiſir les flatteries. La vérité fort de la bouche de l'homme qui souffre. Du cours de la vie, c'eſt la fin que l'on remarque le plus, comme on fait plus d'attention au ſoleil à ſon coucher. (*) Quoique Richard ait refuſé d'écouter mes conſeils pendant ma vie, les triſtes ſons de ma voix expirante pourroient ouvrir encore & déſenchanter ſon oreille.

LE DUC D'YORK.

Son oreille eſt obſédée par les ſons flatteurs de la louange, qui lui parle ſans ceſſe de ſa grandeur & de ſa puiſſance. Sa Cour eſt remplie de compagnons de débauches; & l'oreille de la jeuneſſe eſt toujours ouverte à leurs ſons empoiſonnés. Sans ceſſe on l'entretient (†) des modes de la ſuperbe Italie (¶), après laquelle ſe traîne notre peuple; ſinge lourd & mal-

---

(†) Richard II aimoit la parure comme un enfant. Il faiſoit pour ſes habits des dépenſes criantes. En 1399, l'année où il fit aſſaſſiner, à Calais, le Duc de Gloceſter, il ſe fit faire un habit tout couvert d'or, d'argent & de pierres précieuſes, qui coûta 3000 marcs. *Annal. de Stow.*

(¶) Shakeſpéar, qui donne à chaque ſiècle les mœurs du ſien, impute au ſiècle de Richard une folie qui n'étoit peut-être pas connue alors, mais qui étoit en vogue du tems de ce Poëte, & qui a été déplorée par les plus ſages de nos Auteurs. *Johnſon.*

adroit, qui par une honteuse & ridicule imitation(†), estropie les manieres étrangères. Dès qu'il vient d'éclorre une frivolité dans le monde, n'importe qu'elle soit vile, pourvu qu'elle soit nouvelle, ne court-on pas auſſi-tôt en étourdir l'oreille du Roi? — Tous les conſeils arrivent trop tard, quand une fois la volonté ſe révolte contre les ſages leçons de la raiſon. N'entreprenez point de guider celui qui veut choiſir ſon chemin lui-même : il ne vous reſte qu'un ſouffle (¶), & vous voulez le perdre en vain !

GAUNT.

Je ne ſais, mais je me ſens comme inſpiré d'un eſprit prophétique ; & voici ce que ma voix mourante prédit à ce Roi : cette fougue de ſa jeuneſſe & ſa folle ivreſſe ne peuvent durer long-temps (* 2). Le luxe inſenſé, comme un inſatiable vautour, commence par engloutir ſa ſubſiſtance, & finit par ſe dévorer lui-même. — Dieu ! ce trône des Rois, cette

---

(†) Le danger pour un Roi de faire un mauvais choix de favoris corrompus, de ſouffrir que les modes & les mœurs étrangères s'introduiſent dans ſes Etats, & l'énumération des avantages particuliers à l'Angleterre, par rapport à ſa ſituation & à d'autres circonſtances heureuſes, ſont vivement peints dans tout ce dialogue. *Miſtriſſ Griffith.*

(¶) *To loſe breath.* Perdre ſon haleine, ſignifie ſouvent, *jetter des paroles au vent. Eſchenberg.*

Isle née pour l'Empire, cette Terre de majesté, ce Siége de Mars, heureuse contrée, rivale de l'antique Eden; cette forteresse bâtie par la nature même, qui s'y est retranchée contre la peste & la guerre; ce petit univers peuplé de générations heureuses, enchassé comme un diamant précieux dans une mer d'argent, qui comme un rempart, l'entoure & la défend contre la jalousie des Etats moins fortunés; ce sol béni du Ciel, ce floriffant Royaume, l'Angleterre! cette nourrice dont le sein fécond enfante des Rois redoutés par leur race, fameux par leur naissance & par leurs exploits pour le service de la Chrétienté & l'honneur de la Chevalerie, & dont la renommée s'étend jusqu'à l'aveugle & rebelle Judée, dans ces lieux saints où repose le tombeau du Fils de Marie, la Rançon de l'univers; cette tendre & chere patrie, est maintenant... (ah! je meurs en le prononçant) engagée par un bail honteux, comme une ferme & un chétif manoir! L'Angleterre, ceinte d'une mer triomphante, dont le rivage hérissé de rochers repousse les atteintes du jaloux Neptune, se voit maintenant couverte d'opprobre, maculée d'odieux contrats, & asservie (†) à de vils

_____

(†) Gaunt se trouve aussi, par l'événement, avoir prédit l'état actuel de l'Angleterre, si nous comparons notre dette nationale à nos fonds réels. Il y a long-temps que nous ne sommes plus que les fermiers des Etrangers. *Mistriss Griffith*

parchemins (†). Cette Angleterre, qui étoit accoutumée à conquérir les autres nations, s'eft conquife elle-même & s'eft vendue à l'ignominie. Ah, fi cette fcandaleufe fervitude devoit finir avec ma vie, que je me trouverois heureux de mourir !

SCENE IV.

Les mêmes, LE ROI, LA REINE, AUMERLE, BUSHY, GREEN, BAGOT, ROSS, & WILLOUBY, *entrent dans l'appartement de Gaunt.*

YORK, *à Gaunt.*

VOILA le Roi qui entre. Ménagez fa jeuneffe : la bouillante jeuneffe, quand on l'irrite, s'irrite jufqu'à la fureur.

LA REINE.

Comment fe porte notre cher oncle Lancaftre ?

(†) Allufion aux fommes exceffives levées par emprunts & autres vexations fous ce règne. *Johnfon.*

LE ROI.

Hé bien, vieillard, comment va l'espérance ? Comment se trouve le vieux Gaunt ? (* 3)

GAUNT.

Oh ! ce nom ne convient que trop à mon état ! Je suis vieux, en effet, & décrépit ; le chagrin m'a fait éprouver une longue abstinence. J'ai veillé long-tems sur le repos de l'Angleterre ; & ce doux plaisir, qui fait vivre un tendre pere, la vue de ses enfans, j'en ai jeûné long-tems ; cette privation cruelle, avec les veilles & les chagrins, m'ont affoibli & consumé : je suis mûr pour le tombeau ; il réclame ces ossemens décharnés, qui sont son seul héritage : mais si je parois plus malade que vous, vous l'êtes encore plus que moi.

LE ROI.

Moi, je suis plein de santé ; je respire librement, & je te vois mourant.

GAUNT.

Celui qui m'a donné l'être, sait que, si je me vois en danger, je vous vois aussi à l'extrémité ; votre lit de mort est aussi vaste, que l'espace de terre où souffre votre réputation agonisante. Et vous, malade insensible à votre état, vous confiez la guérison de votre personne sacrée à ceux même qui lui ont fait une plaie mortelle!... Jeune Roi, du cercle étroit de ta couronne sort un nombreux essaim de flatteurs, qui te perdent ; & ta ruine immense s'étend aussi loin que ton Royaume. Oh ! si ton ayeul avoit eu l'œil d'un Prophete, & qu'il eût pu voir dans l'avenir comment le fils de son fils ruineroit sa postérité, il auroit pris soin de placer ta honte hors de ta portée ; il t'auroit déposé du Trône, avant que tu y montasses, toi, qui ne le possedes aujourd'hui, que pour t'en précipiter toi-même. Oui, mon neveu, quand tu serois le maître du monde entier, il seroit encore honteux à toi de donner ce Royaume à bail : mais lorsque ton univers se borne à la possession de ce Royaume seul, n'est-ce pas le comble de l'infamie, que de l'avilir à ce point ? Tu n'es à présent que l'Intendant subalterne de l'Angleterre ; tu n'en es plus le Roi ; & ta souveraineté suprême est esclave & vendue à tes Sujets.

LE ROI.

Vieillard insensé, dont la raison appauvrie s'égare, tu te prévaus des priviléges de la maladie, & troublant dans mes veines le cours de mon sang, tu oses me faire pâlir par ta morale glacée. Mais j'en jure par la majesté royale de mon Trône; si tu n'étois pas le frere du fils du grand Edouard, ta langue, qui se donne ainsi carrière dans ta bouche, feroit tomber de tes épaules ta tête insolente.

GAUNT.

Fils de mon frere Edouard, ne m'épargne pas, parce que je suis le fils d'Edouard son pere. Son sang, tu l'as déja prodigué & répandu à grands flots. Mon frere Glocester, cette ame loyale & sans reproche, (veuille le ciel l'admettre au nombre des ames heureuses!) peut servir de témoin, que tu ne te fais pas scrupule de verser le sang d'Edouard. Ligue-toi avec le mal qui me détruit, & que ta main dénaturée aide à la faux de la mort. Acheve de trancher une vie depuis trop long-tems flétrie & languissante. Vis dans ta honte, mais que ta honte ne meure pas avec toi !... & que mes dernieres paroles fassent ton supplice dans l'avenir ! — Reportez-moi dans mon lit, & de mon lit à ma tombe. L'amour de la vie convient à ceux qui trouvent encore dans la vie la tendresse & l'honneur. (*On l'emporte*).

LE ROI.

Et ceux-là font bien de mourir, qui font rongés par la vieillesse & la noire mélancolie. Toutes deux sont ton partage, & sont faites pour le tombeau.

YORK.

De grace, que Votre Majesté n'impute ses paroles qu'à l'humeur chagrine de la douleur & de la vieillesse qui l'accablent. Il vous aime, sur ma vie, & vous lui êtes aussi cher qu'à Henri d'Hereford, s'il étoit ici.

LE ROI.

Fort bien ; tu dis la vérité : son amour pour moi ressemble à celui d'Hereford ; & le mien aussi ressemble au leur.... & que les choses suivent leur cours.

SCENE V.

Les mêmes ; entre LE COMTE NORTHUMBERLAND.

NORTHUMBERLAND.

Mon Souverain, le vieux Gaunt se recommande à Votre Majesté.

LE ROI.

Que dit-il ?

RICHARD II.

NORTHUMBERLAND.

Rien. Tout eſt dit pour lui : paroles, vie, tout eſt conſommé pour le vieux Lancaſtre.

YORK.

Qu'York ſoit après lui le premier qui déſerte la vie ! La mort, toute indigente qu'elle eſt, a pourtant un bien : c'eſt de mettre un terme à des maux plus cruels qu'elle.

LE ROI.

Le fruit le plus mûr tombe le premier : c'eſt ſon tour ; ſon tems eſt fini ; & notre pélérinage doit auſſi finir un jour. C'en eſt aſſez ſur ce ſujet.—Maintenant ſongeons à nos guerres d'Irlande. Il nous faut dompter ces Kernes féroces, à la chevelure crépue ; c'eſt la ſeule peſte qui nous reſte à chaſſer de cette terre privilégiée (†). Et pour cette importante expédition, nous avons beſoin de ſubſides, qui nous aident à la ſoutenir ; nous ſaiſiſſons donc dans notre main l'argenterie, l'argent monnoyé, les revenus & le mobilier que poſſédoit notre oncle Gaunt.

(†) Alluſion à l'opinion que Saint-Patrice avoit purgé l'Irlande de tout inſecte vénimeux. *Steevens.*

RICHARD II.

YORK.

Jusqu'à quand garderai-je un pénible silence ? Combien de tems encore mon tendre attachement à mon devoir me fera-t-il souffrir l'injustice ? Ni la mort de Glocester, ni le bannissement d'Hereford, ni les indignes traitemens que Gaunt a essuyés, ni les maux de l'Angleterre, ni la rupture cruelle (†) du mariage de l'infortuné Bolingbroke, ni mes propres disgraces, n'ont jamais tracé un signe de ressentiment sur mon front soumis, un signe de menace dans mes regards sur mon Souverain. — Je suis le dernier des enfans de l'illustre Edouard, dont votre pere, le Prince de Galles, étoit le premier. Jamais lion ne fut plus terrible dans la guerre ; jamais agneau ne fut plus doux dans la paix, que ce jeune & royal Prince. Vous avez tous ses traits : oui, c'étoit-là son air & son regard, à l'âge où il comptoit le nombre d'années que vous avez accomplies. Mais lorsqu'il prenoit un front menaçant, c'étoit contre la France, & non contre ses amis ; sa main victorieuse conquéroit ce qu'elle dé-

---

(†) La France fut toujours l'asyle des Princes malheureux. Le Duc d'Hereford, dans son exil, y fut très-bien accueilli, & il auroit même épousé la fille unique du Duc de Berri, si Richard ne se fût opposé à ce mariage. *Steevens.*

RICHARD II.

penſoit ; & ne dépenſoit pas, ce qu'avoit conquis le bras triomphant de ſon pere : ſes mains ne furent jamais ſouillées du ſang de ſes parens ; elles ne furent teintes que du ſang des ennemis de ſa race. — Oh Richard ! York s'eſt laiſſé emporter trop loin par ſa douleur : ſans elle, il n'auroit jamais oſé comparer....

LE ROI.

Hé bien, oncle, où tend ce diſcours ?

YORK.

O mon Souverain, pardonne-moi, ſi c'eſt ton plaiſir ; ſinon, content de n'être pas pardonné, je ſuis également ſatisfait. Quoi ! tu veux ſaiſir & uſurper dans tes mains les droits ſouverains & les biens d'Hereford exilé ? Gaunt n'eſt-il pas mort ? D'Hereford n'eſt-il pas vivant ? Gaunt ne fut-il pas un homme d'honneur ? Henri n'eſt-il pas un Sujet fidele ? Le pere ne mérite-t-il pas un héritier ? Et ſon héritier n'eſt-il pas un fils rempli de mérite ? Si tu enleves à d'Hereford ſes droits, & au tems ſes chartes antiques, & ſes priviléges conſacrés par la coutume, que le lendemain ne ſuccede donc plus au jour qui luit ; conſens donc à ceſſer d'être ce que tu es. Car comment es-tu Roi, ſi ce n'eſt par l'ordre naturel d'une deſcendance & d'une ſucceſſion légitimes ? J'en attefte le Ciel, (veuille le Ciel me démentir!) fi par une injuftice tu t'empares de l'héritage d'Hereford, fi tu annulles les titres authentiques préfentés par fes Mandataires pour revendiquer fa fucceffion, & que tu refufes l'hommage offert par lui, tu amaffes mille dangers fur ta tête, tu perds mille cœurs qui te font attachés ; & malgré mon zele pour toi, tu forces ma patience à fe permettre des penfées, que réprouvent l'honneur & la foi d'un Sujet fidèle.

LE ROI.

Penfez ce qu'il vous plaira ; nous faififfons dans nos mains fon argenterie, fon argent, fes biens & fes terres.

YORK.

Je n'en ferai pas témoin. Adieu, mon Souverain.— Quelles feront les fuites de ceci.... perfonne ne peut le dire. Mais d'injuftes violences donnent lieu de préfumer, que leurs fuites ne peuvent jamais être heureufes. (*Il fort*).

LE ROI.

Bushy, allez fans délai trouver le Comte de Wilshire; dites-lui de fe rendre auprès de nous au Palais d'Ely, pour procéder à cette opération. Demain nous partons pour l'Irlande, & le tems preffe, je le fens. Nous créons notre oncle York Régent
de

de l'Angleterre en notre absence; car c'est un homme de bien, & qui nous a toujours tendrement aimés. —Venez, Reine; demain il faudra nous séparer: prenez courage. Nous n'avons pas long-tems à rester ensemble. (*Le Roi, la Reine sortent au son des trompettes ; Bushy & Bagot les suivent : les autres demeurent*).

SCÈNE VI.

NORTHUMBERLAND, WILLOUBY, ROSS.

NORTHUMBERLAND.

Hé bien, Lords, le Duc de Lancastre est donc mort?

ROSS.

Et vivant; car maintenant son fils est Duc.

WILLOUBY.

De nom seulement, mais sans revenu.

NORTHUMBERLAND.

Il le seroit en titre & en fortune, si la justice avoit ses droits.

ROSS.

Mon cœur est plein ; mais il faut qu'il se brise dans la contrainte du silence, plutôt que de se soulager de son poids en parlant librement.

NORTHUMBERLAND.

Non, déclare ta pensée ; & que la parole soit interdite pour jamais à celui qui répétera les tiennes pour te nuire.

WILLOUBY.

Ce que tu veux dire, intéresse-t-il le Duc d'Hereford ? S'il est question de lui, parle hardiment, ami. Mon oreille est ouverte à celui qui parle pour son bien.

ROSS.

Du bien : il n'en est point que je puisse lui faire, à moins que vous n'appelliez de ce nom la pitié que je sens pour lui, en le voyant dépouillé & indignement privé de son patrimoine.

NORTHUMBERLAND.

Devant le ciel, qui m'entend, c'est une honte de souffrir de semblables injustices sur ce Royal Prince, & sur tant d'autres d'un sang illustre dans ce Royaume en décadence. Le Roi n'est plus lui-même. Il se laisse honteusement gouverner par des flatteurs; & tout ce qu'ils voudront entreprendre par pure haine contre chacun de nous tous, le Roi le poursuivra avec rigueur contre nous, notre vie, nos enfans & nos héritiers.

ROSS.

Il a surchargé le peuple de taxes exorbitantes, & il a tout-à-fait perdu leurs cœurs. Il a, pour de vieilles querelles, condamné les Nobles à de grosses amendes, & il a aussi perdu leurs cœurs.

WILLOUBY.

Et chaque jour nouveaux systêmes d'exactions nouvelles, comme *blancs-seings*, *dons gratuits*; & connois-je tous ces noms? Mais, au nom de Dieu, quel en est l'emploi?

NORTHUMBERLAND.

Ce n'est pas la guerre qui les a consumés; il n'a point fait de guerres : ce qu'il a fait, c'est de livrer à des Fermiers, par un lâche contrat, le Royaume que ses Ancêtres avoient conquis aux dépens de leur sang. Il a plus dépensé dans la paix, qu'ils n'ont fait dans toutes leurs guerres.

ROSS.

Le Comte de Wilshire tient le Royaume à ferme!

WILLOUBY.

Le Roi s'eſt fait banqueroutier, comme un Marchand ruiné !

NORTHUMBERLAND.

L'opprobre & la deſtruction ſont ſuſpendues ſur ſa tête.

ROSS.

Il n'a point de fonds pour ces guerres d'Irlande, malgré tous ſes accablans impôts ; & il faut qu'il dépouille, comme un voleur, le Duc banni !

NORTHUMBERLAND.

Son noble parent ! — O Roi dégénéré ! — Mais, Lords, nous entendons gronder cette horrible tempête, & nous ne cherchons aucun abri contre l'orage : nous voyons l'ouragan ſe déchaîner contre nos voiles, ſans faire aucune manœuvre, & nous conſentons à périr avec inſenſibilité !

ROSS.

Nous voyons l'écueil où nous allons nous briſer, & déja le naufrage eſt devenu inévitable, par notre lâcheté à en endurer la cauſe.

NORTHUMBERLAND.

Non, je ne déſeſpère pas encore ; dans le ſein de la

mort même, j'entrevois l'espoir de la vie. Mais je n'ose dire à quelle distance de nous est encore la nouvelle de notre salut.

WILLOUBY.

Allons; fais-nous part de tes pensées, comme nous te confions les nôtres.

ROSS.

Northumberland, parle avec assurance; tous trois nous ne faisons qu'un avec toi; & tes paroles, reçues dans notre sein, feront encore des pensées enfermées dans le tien: ainsi ouvre toi sans crainte.

NORTHUMBERLAND.

Hé bien, mes amis: de port le Blanc (une baie de la Bretagne) j'ai reçu avis que Henri d'Hereford, Reignold, Lord Cobham, Thomas Arondel (7), qui a rompu tout récemment avec le Duc d'Exeter, son frère, ci-devant Archevêque de Cantorbery, Thomas Erpingham, Jean Ramston, Jean Norbery, Robert Waterton, & François Quoint, que tous ces Lords, bien pourvus de munitions par le Duc de Bretagne, font force de voiles vers l'Angleterre, montés sur huit gros vaisseaux, avec trois mille hommes de guerre, & se proposent d'aborder en peu vers nos côtes du Nord : & peut-être y seroient-ils déja, fi ce n'eft qu'ils attendent l'inftant du départ du Roi pour l'Irlande. Si donc nous voulons fecouer notre joug aviliffant, ranimer les forces de notre Patrie (†) mourante, racheter la Couronne avilie de cette main mercenaire, laver la pouffière qui couvre l'or de notre fceptre, & rendre à la majefté du trône fa première fplendeur, partez, volez avec moi à Ravenfpurg : fi vous chancelez, & que la crainte arrête votre courage, reftez ici, gardez notre fecret, & moi j'y cours.

ROSS.

A cheval, à cheval. Propofe tes doutes à ceux qui ont peur.

WILLOUBY.

Si mon cheval me feconde, j'y ferai le premier.

(†) *Imp out our Country's broken wing.* Remplumer l'aile brifée de notre Patrie défaillante. *Imp out*, eft une expreffion fréquemment employée par le Poëte. Quand les plumes de l'aile d'un faucon étoient tombées ou arrachées par quelque accident, on y en rajoutoit autant qu'il en manquoit. *Steevens*.

SCENE VII.

La Scène repréſente la Cour de Richard.

LA REINE, BUSHY, BAGOT.

BUSHY.

MADAME, Votre Majeſté s'abandonne trop à la triſteſſe. Vous avez promis au Roi, en le quittant, d'écarter cette mélancolie homicide, & d'entretenir le calme & la ſécurité dans votre ame.

LA REINE.

Il eſt vrai, je l'ai promis, pour plaire au Roi ; mais, ſi je ſuis le penchant qui me plaît à moi-même, je ne puis tenir ma promeſſe. Cependant je ne connois aucun autre ſujet d'ouvrir l'entrée de mon cœur au chagrin funeſte, que la ſéparation d'un époux auſſi cher que l'eſt pour moi mon cher Richard. Et pourtant il me ſemble preſſentir (8) qu'un malheur qui n'eſt pas né encore, mais qui eſt prêt à éclore du ſein de la fortune, s'avance vers moi ; & mon ame friſſonne intérieurement à l'idée de ce malheur qui eſt encore dans le néant. Oui, je ſens que ce qui l'attriste, est quelque chose de plus que ma séparation du Roi mon époux.

BUSHY.

Chaque douleur a vingt fantômes qui lui ressemblent & que l'on prend pour elle. L'œil du chagrin offusqué par les larmes, décompose & multiplie les objets, & dans un seul en voit mille. Vous connoissez ces peintures (9), qui, vues de face, n'offrent que des traits confus, & qui, regardées obliquement, présentent des formes régulières & distinctes : hé bien, le départ de votre époux a de même plusieurs points de vue : celui d'où vous le voyez, vous y fait trouver d'autres chagrins qui n'existent point, & qui ne sont que des ombres vaines, enfantées par la douleur. Ainsi, très-gracieuse Reine, ne pleurez que votre seule séparation de votre époux ; vous n'avez point d'autres sujets de larmes: si vous en voyez davantage, c'est l'œil troublé de la douleur qui voit & pleure, pour des maux réels, des maux imaginaires.

LA REINE.

Cela peut-être, mais mon cœur me persuade intérieurement qu'il en est autrement ; & chimère ou vérité, je ne puis m'empêcher d'être triste, & si mortellement triste, que, quoique en pensant, je

ne

ne m'arrête à aucune pensée distincte, mon ame défaillante succombe sous le poids de ce néant invisible.

BUSHY.

Ce n'est, Madame, qu'une illusion de votre imagination.

LA REINE.

C'est moins encore: car l'imagination ne conçoit ces illusions, que sous l'impression de quelque chagrin antérieur : & je ne suis pas dans ce cas. Quel est ce mal à venir qui m'afflige déja, c'est ce que je ne sais pas encore ; c'est un malheur, que je ne puis définir ni nommer.

SCENE VIII.

Les mêmes ; GREEN *entre.*

GREEN.

Que le ciel conserve Votre Majesté ! — (*Aux autres.*) Et vous, Gentilshommes, je suis bien-aise de vous rencontrer. — J'espère, que le Roi n'est pas encore embarqué pour l'Irlande ?

LA REINE.

Et pourquoi l'espérez-vous ? Il vaut bien mieux
Tome VIII. I

espérer qu'il l'eſt ; car ſes deſſeins exigent de la célérité, & c'eſt cette célérité qui fonde nos eſpérances : pourquoi donc eſpérez-vous, qu'il n'eſt pas embarqué ?

GREEN.

C'eſt qu'alors nous aurions pu nous flatter, qu'il auroit ramené ſes troupes ſur leurs pas, & renverſé les eſpérances d'un ennemi, qui a eu l'audace de débarquer dans ce Royaume. Le banni Bolingbroke ſe rappelle lui-même ; il s'eſt avancé, ſans réſiſtance & les armes à la main, juſqu'à Ravenſpurg.

LA REINE.

Ah ! que le Dieu du Ciel ne permette pas que ce que vous dites ſoit vrai !

GREEN.

Oh, Madame, cela n'eſt que trop vrai ! & ce qu'il y a de plus fâcheux encore, c'eſt que le Lord Northumberland, ſon jeune fils, Henri Percy, les Lords Roſs, Beaumond & Willouby, ont couru ſe ranger de ſon parti, avec tout ce qu'ils ont d'amis puiſſans.

BUSHY.

Pourquoi n'avez-vous pas proclamé comme traîtres Northumberland & tous ces factieux rebelles ?

GREEN.

Nous l'avons fait : & aussi-tôt le Comte de Vorcester a brisé son bâton, a remis sa dignité de Grand Maître-d'Hôtel (†), & tous les Officiers de la Maison du Roi ont volé avec lui vers Bolingbroke.

LA REINE.

Ainsi, Green, c'est vous, qui m'avez aidé à mettre au jour le malheur inconnu, dont j'étois comme enceinte ; & Bolingbroke est l'effrayant objet offert à mon désespoir. Enfin, mon ame a enfanté le monstre qui travailloit mon sein ; & maintenant, comme une mère nouvellement délivrée & souffrante, je vois malheurs sur malheurs, & chagrins sur chagrins.

BUSHY.

Ne vous désespérez pas, Madame.

LA REINE.

Hé qui peut m'en empêcher ? Oui, je me désespère, & je hais comme une ennemie la perfide Espérance ; elle n'est qu'un flatteur parasite, un satellite de la mort. Tandis que la mort rompt sourdement tous les liens de la vie ; la vie compte encore à l'extrémité sur la traîtresse Espérance !

(†) Ou Surintendant.

SCENE IX.

Les mêmes ; YORK *entre.*

GREEN.

JE vois arriver le Duc d'York.

LA REINE.

Avec l'armure de la guerre sur ses épaules courbées par les ans. — Cher oncle, au nom du Ciel, dites-nous des paroles consolantes !

YORK.

Je le ferois, Madame, si je voulois trahir mes pensées. Mais les consolations sont dans le ciel; & nous sommes sur la terre, où l'on ne trouve que croix, peines & chagrins. Votre époux court à des maux éloignés, tandis que d'autres ennemis viennent ravager ses foyers. C'est moi qu'il a laissé ici pour être l'appui de son Royaume ; moi, qui, affoibli par l'âge, ne puis me soutenir moi-même ! La voici arrivée, l'heure de la crise des maux qu'il a amassés lui-même ; c'est maintenant qu'il va connoître, si ses flatteurs sont ses amis !

RICHARD II.

SCENE X.

Entre un homme attaché au service d'York.

LE SERVITEUR.

Milord, votre fils étoit parti, avant que j'arrivasse.

YORK.

Il étoit parti? Oui.... Hé bien, que tout aille au gré du fort. La Noblesse, elle a déserté : le peuple, il est mécontent, & je crains bien qu'il ne se révolte & ne se déclare pour d'Hereford. (*Au Domestique.*) Va à Plashie (†), va trouver ma sœur Glocester, dis-lui de m'envoyer sur-le-champ mille livres sterling. —Tiens, prends ma bague.

LE SERVITEUR.

Milord, j'avois oublié de vous le dire : j'y ai passé aujourd'hui, & je me suis informé. — Mais je vais vous affliger, si je vous dis le reste.

YORK, *effrayé.*

Quoi, misérable ?

___

(†) Plashie étoit une Ville d'Essex, qui appartenoit à la Duchesse de Glocester. *Théobald.*

LE SERVITEUR.

Une heure avant mon arrivée, la Duchesse venoit de mourir.

YORK.

Que le ciel ait pitié de nous ! Quel déluge de maux vient fondre à la fois sur ce malheureux Royaume ! — Je ne sais quel parti prendre. — Je voudrois, j'en attefte le ciel, je voudrois, sans pourtant me l'être attiré par une infidélité, que le Roi m'eût fait trancher la tête & à mon frère aussi. — Y a-t-il des dépêches parties pour l'Irlande ? —Comment trouverons-nous de l'argent pour fournir à cette guerre? (*A la Reine.*) Venez, ma sœur (†); ah ! pardonnez, je voulois dire, ma cousine. (*Au Serviteur.*) Ami, pars, cours au château, procure-toi quelques chariots, & apporte les armes que tu trouveras. — (*Aux Favoris du Roi.*) Amis, voulez-vous aller rassembler des troupes ? — Si je sais comment & par quelle voie démêler cette fusée, qu'on a jettée toute brouillée dans mes mains, ne me croyez jamais.—Tous les deux sont

―――――

(†) C'eft ici un de ces traits de nature ordinaires à Shakespéar. York, profondément affecté de la mort de sa sœur, croit lui parler, lorsque c'est à la Reine, sa cousine, qu'il parle. C'est une diftraction de sa douleur. *Steevens.*

mes plus proches parens.—L'un est mon Souverain, que mon serment & mon devoir m'ordonnent de défendre ; & l'autre est mon cousin, que le Roi a injustement dépouillé, à qui ma conscience, & les liens du sang m'ordonnent de faire justice.... Et il faut pourtant prendre un parti. (*A la Reine.*) Venez, ma cousine, je vous placerai dans un lieu sûr. — (*Aux autres.*) Allez, rassemblez vos troupes, & venez me trouver, sans délai, à Berkley. Je voudrois bien aussi aller à Plashie ; mais les circonstances ne me le permettent pas.—Tout est en désordre, tout est abandonné au coup de dez. (*York & la Reine sortent.*)

SCENE XI.

Les autres Personnages.

BUSHY.

Les vents sont favorables pour porter des nouvelles en Irlande ; mais aucune n'en arrive. — Que nous levions une armée en état de faire face à l'ennemi, c'est ce qui nous est impossible.

GREEN.

D'ailleurs notre étroit attachement au Roi, nous

menace de la haine de ceux qui n'aiment pas le Roi.

BAGOT.

Oui, de la haine de ce peuple inconstant. Car leur amour loge dans leur bourse : quiconque la vuide, remplit leur cœur d'une haine mortelle.

BUSHY.

Et c'est en quoi le Roi a été universellement condamné.

BAGOT.

Et s'il dépendoit d'eux de nous juger, ils nous condamneroient aussi, nous, pour être restés toujours attachés à la personne du Roi.

GREEN.

Hé bien, pour moi j'irai me réfugier dans le château de Bristol ; le Comte de Wilshire s'y est déja renfermé.

BUSHY.

Je veux m'y rendre avec vous ; car la multitude qui nous hait, ne fera pas de grands efforts pour nous secourir ; elle est bien plus disposée à tomber sur nous, comme des dogues furieux, pour nous mettre en pièces. — (*A Bagot.*) Voulez-vous nous suivre ?

BAGOT.

RICHARD II.

BAGOT.

Non. Je vais en Irlande, me rendre auprès de Sa Majesté. — Adieu ; si les pressentimens du cœur ne sont pas vains, nous voilà trois ici, qui nous séparons, pour ne jamais nous revoir !

BUSHY.

Cela dépend du succès d'York dans ses efforts pour chasser Bolingbroke.

GREEN.

Hélas, le pauvre vieillard ! il entreprend là une tâche.... C'est comme s'il vouloit boire l'Océan, ou nombrer ses grains de sable. — Pour un, qui va combattre à ses côtés, il en désertera mille.

BUSHY.

Adieu tous ; pour aujourd'hui, & pour toujours !

GREEN.

Eh ! nous pourrions nous voir encore réunis.

BAGOT.

Oh ! je crains bien, que cela n'arrive jamais.

SCENE XII.

Le Théâtre représente les landes sauvages du Comté de Glocester.

BOLINGBROKE & NORTHUMBER-
LAND.

BOLINGBROKE.

COMBIEN y a-t-il encore d'ici à Berkley, Milord?

NORTHUMBERLAND.

Croyez-moi, noble Lord, je suis absolument étranger dans cette Province. Ces hautes & arides montagnes, ces chemins inégaux & semés de roches allongent l'espace de nos milles, & doublent la fatigue; mais le charme de votre entretien a adouci pour moi l'horreur de cette route sauvage, & l'a comme semée de fleurs. Je songe, de quel ennui mortel sera le chemin de Ravenspurg à Cotswold pour Ross & Willouby, qui n'auront pas l'agrément de votre compagnie. Car c'est-elle, je vous l'assûre, qui m'a fait oublier la longueur & les désagrémens du voyage.

Enfin, ils auront pour charmer le leur, l'espérance de jouir de l'avantage que je possède actuellement; & l'espérance du plaisir, est, à peu de chose près, un plaisir égal à celui de la jouissance. Ce sentiment abrègera le chemin pour nos deux voyageurs, comme la vue de votre noble présence l'a abrégé pour moi.

BOLINGBROKE.

Ma compagnie vaut beaucoup moins, que vos paroles obligeantes. Mais, qui vient à nous?.....

SCENE XIII.

Les mêmes. Arrive HENRI PERCY.

NORTHUMBERLAND.

C'est mon fils, le jeune Percy, envoyé par mon frère Worcester, de quelque lieu qu'il arrive. — Henri, comment se porte votre oncle?

PERCY.

J'aurois dû, Milord, l'apprendre de vous.

NORTHUMBERLAND.

Comment? Est-ce qu'il n'est pas avec la Reine?

PERCY.

Non, Milord. Il a abandonné la Cour, brisé le bâton de sa dignité, & dispersé la maison du Roi.

NORTHUMBERLAND.

Quelle a été sa raison ? Il n'étoit pas dans ce dessein la dernière fois que nous nous sommes entretenus ensemble.

PERCY.

C'est parce que vous avez été proclamé traître : & lui, Milord, est allé à Ravenspurg, offrir ses services au Duc d'Hereford ; & il m'a envoyé par Berkley, pour découvrir quelles étoient les forces que le Duc d'York y avoit rassemblées, avec ordre de me rendre ensuite à Ravenspurg.

NORTHUMBERLAND.

Hé bien, mon fils, est-ce que vous avez oublié les traits du Duc d'Hereford ?

PERCY.

Milord, on ne peut oublier, ce qu'on n'a jamais connu. Je ne me souviens pas de l'avoir jamais vu de ma vie.

NORTHUMBERLAND.

Hé bien, apprenez à le connoître aujourd'hui. Voilà le Duc.

PERCY.

Mon gracieux Lord, je vous offre mes services, tout ce que peut un jeune homme tout neuf & sans expérience. Les années mûriront mes facultés & mon foible mérite, & les rendront plus dignes de votre approbation.

BOLINGBROKE.

Je vous rends graces, aimable Percy. Je regarde comme mon plus grand bonheur, de porter en moi un cœur qui se souvient de ses amis. Ma fortune croîtra avec votre zèle, & elle sera la récompense de votre sincère amitié. Mon cœur fait ce pacte avec vous, & cette main va le sceller. (*Il lui donne la main.*)

NORTHUMBERLAND.

Quelle est la distance d'ici à Berkley ? Quels sont les mouvemens qu'y fait le bon vieux York avec ses troupes ?

PERCY.

Là-bas, près de cette touffe d'arbres, est la forterelfe, défendue par trois cents hommes, fuivant ce que j'ai ouï-dire; & là, font renfermés les Lords York, Berkley & Seymour. On n'en compte point d'autres, qui aient un rang & un nom parmi les Nobles.

SCENE XIV.

Les mêmes. Arrivent ROSS & WIL-LOUBY, *tout couverts de fueur & de pouſſière.*

NORTHUMBERLAND.

Voyez-vous les Lords Rofs & Willouby? Leurs éperons font tout fanglans, & leur vifage eſt enflammé de la courſe.

BOLINGBROKE.

Soyez les biens-venus, mes Lords. Je fais, que votre amitié s'attache aux pas d'un traître banni. Tous mes tréfors font aujourd'hui des remercîmens, fans aucun effet fenfible; mais quand ma reconnoiſſance fera plus riche, elle faura récompenfer votre amour & vos fatigues.

ROSS.

Noble Lord, nous sommes riches du plaisir de vous voir.

WILLOUBY.

Et votre seule présence nous paie avec usure de nos fatigues.

BOLINGBROKE.

Recevez encore de stériles remercîmens : la reconnoissance est le seul trésor du pauvre ; c'est le seul qui puisse acquitter ma dette, jusqu'à ce que ma fortune, encore au berceau, se soit accrue avec les années. Mais, qui vient à nous ?

SCENE XV.

Les mêmes ; LE LORD BERKLEY *venant de la forteresse.*

NORTHUMBERLAND.

C'est, si je ne me trompe, le Lord Berkley.

BERKLEY.

Milord d'Hereford, c'est à vous que s'adresse mon message.

BOLINGBROKE.

Milord, je ne réponds qu'au nom de Lancaftre, & je fuis venu chercher ce nom en Angleterre. Il faut que je le trouve dans votre bouche, avant que je réponde; quel que foit votre meffage.

BERKLEY.

Ne m'interpretez pas mal, Milord; ce n'eft pas mon intention d'effacer aucun de vos titres d'honneur. — C'eft vers vous, Milord, (avec le titre que vous voudrez) que je viens de la part du premier Lord de ce Royaume, de la part du Duc d'York : il demande ce qui vous excite à vous prévaloir de l'abfence du Roi, pour effrayer notre Patrie & la Paix, avec des armes forgées dans fon fein.

SCENE XVI.

SCENE XVI.

Les mêmes ; LE DUC D'YORK *entre avec un cortège.*

BOLINGBROKE, *à Berkley.*

JE n'aurai pas besoin de transmettre ma réponse par votre bouche : le voilà lui-même en personne. (*A York.*) Mon noble oncle! (*Se prosternant devant lui.*)

YORK.

Montre-moi un cœur humble & soumis, plutôt que ces genoux fléchis, dont le respect est faux & trompeur.

BOLINGBROKE.

Mon gracieux oncle!....

YORK.

Cesse, cesse; ne me donne, ni le titre de *Grace*, ni celui d'*oncle* : je ne suis point l'oncle d'un traître, & ce titre de *Grace*, dans ta bouche coupable, est un titre profané. Dis : pourquoi les pieds d'un banni, d'un proscrit, ont-ils osé toucher le sol de cette terre ? Et, plus encore ; pourquoi ont-ils osé traverfer l'espace de tant de milles, sur son sein paisible, & effrayer ses hameaux consternés par l'appareil de la guerre & le spectacle menaçant de ces armes, que je méprise ? Viens-tu, parce que le Roi légime & consacré aux pieds des autels est absent de ces lieux ? Sais-tu, jeune insensé, que le Roi est présent dans ma personne, & que son autorité réside en moi ? Ah, si je possédois encore ma bouillante jeunesse, comme au tems où le brave Gaunt, ton père, & moi, nous sauvâmes le Prince Noir, ce jeune Mars parmi les mortels, des rangs pressés de milliers de François; oh que ce bras, que la paralysie retient captif, t'auroit bientôt puni & châtié pour cette offense !

BOLINGBROKE.

Mon respectable Oncle, daignez me la faire connoître. Où est ma faute, & quelle est sa gravité ?

YORK.

Elle est des plus énormes. — Une révolte ouverte & une trahison détestable ! Tu es un Sujet banni ; & tu reviens ici, avant l'expiration du terme de ton exil, bravant ton Souverain les armes à la main ?

BOLINGBROKE.

Lorsque je fus banni, ce fut d'Hereford qui le fut ; & lorsque je reviens, je reviens sous le titre de Lancaſtre. Et, mon digne oncle, j'en conjure votre Grace, examinez mes torts d'un œil impartial. Vous êtes mon père; car il me ſemble, que je vois revivre en vous le vénérable Gaunt. Vous donc, mon père, ſouffrirez-vous, que je reſte condamné au ſort d'un malheureux errant par le monde? que mes droits & mon royal héritage ſoient arrachés de mes mains par la violence, & abandonnés à des hommes de néant tout nouvellement ſortis de la pouſſière? Si le Roi, mon couſin, eſt Roi légitime de l'Angleterre, on ne peut nier, qu'en vertu du même droit je ſuis Duc de Lancaſtre. Vous avez un fils, Aumerle mon digne parent: ſi vous étiez mort le premier, & que lui eût été foulé aux pieds comme moi, il auroit retrouvé dans ſon oncle Gaunt, un père, qui auroit pris ſa cauſe en main, & l'auroit ſuivie juſqu'à une ſatisfaction entière. On m'interdit la réclamation du patrimoine qui m'appartient ici, & cependant j'y ſuis autoriſé par mes titres authentiques! Tous les biens de mon père ſont ſaiſis & vendus, & ces biens, comme tous les autres, ſont tous mal employés! Que vouliez-vous que je fiſſe? Je ſuis un Sujet, & je réclame la loi; on me refuſe des défenſeurs pour plaider ma cauſe: alors je viens moi-même réclamer en perſonne mon héritage, qui m'eſt tranſmis par une ſucceſſion légitime.

L ij

NORTHUMBERLAND.

Le noble Bolingbroke, Duc, a été trop indignement traité.

ROSS.

Il dépend de votre Grace de lui rendre juftice.

WILLOUBY.

De viles créatures font devenues de grands perfonnages, élevées fur fa ruine.

YORK.

Lords d'Angleterre, laiffez-moi vous parler.—J'ai vivement reffenti les outrages faits à mon coufin, & j'ai employé tous mes efforts pour lui faire rendre juftice ; mais de venir avec cette audace, les armes à la main, s'ériger fon propre vengeur, & fe frayer foi-même le chemin à fes droits par une voie criminelle..... cela ne peut pas fe tolérer. (*Aux autres Lords.*) Et vous, qui l'entraînez ainfi dans le crime, vous favorifez la révolte, & vous êtes tous des rebelles.

NORTHUMBERLAND.

Le noble Duc a fait ferment, qu'il ne revenoit que pour revendiquer fes droits ; fa caufe eft fi jufte, que nous avons tous folemnellement juré de lui prêter notre secours; & que celui de nous, qui violera son serment, ne goûte jamais de bonheur!

YORK.

Allons, je vois quelle sera l'issue de cette révolte. Il n'est pas en mon pouvoir de la prévenir, il faut que je le confesse; mon pouvoir est trop foible, & tout m'a été laissé dans un état déplorable. Si j'avois la force en main, j'en jure par celui qui m'a donné la vie, je vous ferois tous arrêter, & je vous forcerois de tomber à genoux aux pieds du Roi, & de vous abandonner à sa miséricorde; mais puisque le pouvoir me manque, je vous déclare que je reste neutre. C'est ainsi que je vous quitte. — A moins qu'il ne vous plaise d'entrer dans le château, & d'y prendre du repos cette nuit.

BOLINGBROKE.

C'est une offre, digne oncle, que nous accepterons volontiers; mais il faut que votre Grace nous accorde de venir avec nous au château de Bristol, qu'on dit occupé par Bushy, Bagot & leurs complices, ces viles sang-sues de l'Etat, que j'ai fait serment d'écraser, & dont je veux purger l'Angleterre.

YORK.

Il pourra se faire, que je vous accompagne. —

Mais, non, je resterai; car j'ai de la répugnance à enfreindre les loix de notre Patrie. Je ne vous reçois, ni comme amis, ni comme ennemis : les maux qui sont sans remede ne sont plus aujourd'hui l'objet de mes soins (9).

ACTE III.

SCENE PREMIÈRE.

La Scène repréſente le camp de Bolingbroke devant Briſtol.

Paroiſſent BOLINGBROKE, YORK, NORTHUMBERLAND, PERCY, ROSS, WILLOUBY, *avec* BUSHY & GREEN, *priſonniers*.

BOLINGBROKE.

Faites approcher ces priſonniers. — Bushy & Green, je ne veux point tourmenter vos ames, (qui, dans un inſtant, vont être ſéparées de leurs corps) en vous reprochant trop les crimes de votre vie : cela ne ſeroit pas charitable. Cependant, pour abſoudre mes mains de l'effuſion de votre ſang, je vais ici, devant témoins, expoſer quelques-unes des cauſes de votre mort. Vous avez perverti un Prince, un digne Roi, né d'un ſang vertueux ;

d'une physionomie heureuse ; vous l'avez dénaturé, vous l'avez entiérement défiguré. Vous avez, en quelque sorte, en l'associant à vos débauches, établi le divorce entre la Reine & lui. Vous l'avez dépossedée de la couche Royale; vous avez flétri la beauté de ses traits & les graces de son teint par les larmes que vos affronts odieux lui ont fait répandre.... Moi-même, que la fortune a fait naître Prince, uni au Roi par les liens du sang, & par une étroite amitié, avant que vous m'eussiez noirci dans son esprit; je me suis vu opprimé, & victime de votre haine. Né Anglois, il m'a fallu respirer sous une atmosphère étrangère, mangeant le pain amer de l'exil; tandis que vous vous engraissiez sur mes Seigneuries, que vous renversiez les clôtures de mes parcs, que vous abattiez mes fruits, que vous enleviez de mes fenêtres les armoiries (†) de ma famille, que vous effaciez par-tout mes écussons & ma devise, ne laissant plus d'autre indice, d'autre vestige, que la mémoire des hommes & ma race vivante, qui pût prouver au monde que je suis né noble. Ces iniquités, & bien d'autres excès sans nombre, vous condamnent à la mort. — (*Aux Offi-*

(†) Dans le tems que les vitrages colorés étoient d'usage, on avoit coutume d'y peindre les armes de la famille. *Johnson.*

ciers.)

ciers.) Qu'on les livre aux bourreaux, & au bras de la mort.

BUSHY.

Le coup de la mort est moins fatal pour moi, que Bolingbroke ne l'est à l'Angleterre. — Lords, adieu.

GREEN.

Ce qui me console, c'est que le Ciel recevra nos ames, & punira l'injustice par des châtimens éternels. (*On les emmène.*)

BOLINGBROKE.

Lord Northumberland, chargez-vous de veiller à leur exécution. — (*A York.*) Ne dites-vous pas, mon oncle, que la Reine est dans votre château? Au nom du ciel, ayez soin qu'elle soit bien traitée: dites-lui que je lui envoie l'assûrance de mon respect: souvenez-vous bien de lui rendre mon salut & mes sentimens.

YORK.

J'ai dépêché un de mes Officiers, avec une lettre, où je lui expose toute l'étendue de votre affection pour elle.

BOLINGBROKE.

Je vous en rends graces, mon cher oncle. —

Allons, Lords, partons (†); nous avons encore quelques jours de travaux; & après, jours de repos & de fêtes!

SCENE II (10).

La Scène est dans le Pays de Galles.

SALISBURY *paroît avec un Officier.*

L'OFFICIER.

Lord Salisbury, nous avons attendu dix jours, & nous avons eu bien de la peine à tenir tout ce tems nos compatriotes assemblés; & cependant nous n'entendons aucunes nouvelles du Roi; en

---

(†) *To fight with Glendower and his complices.* Pour combattre Glendower & ses complices.

Cette ligne a été interposée. L'opposition de Glendower commence la première Partie de Henri IV, & la défaite de Mortemer par le hardi Gallois, est la nouvelle de la première scène de cette Pièce: & quoique Glendower, dès la première année de Henri IV, eût commencé à se révolter & emprisonné Mortemer, &c. ce ne fut que l'année suivante que le Roi commença à lui opposer quelques troupes. *Théobald.*

conséquence, nous allons nous licentier nous-mêmes, & nous disperser ; adieu.

SALISBURY.

Attendez encore un jour, fidèle Gallois : le Roi met toute sa confiance en vous.

L'OFFICIER.

On croit le Roi mort. Nous ne resterons pas davantage ; les lauriers de nos contrées sont tous flétris & séchés. D'étranges météores étonnent les astres du firmament : la pâle Lune jette, sur la terre, une lueur sanglante ; & des Prophetes, au visage hâve, murmurent à l'oreille & annoncent d'effrayantes révolutions. Les riches sont consternés, & les aventuriers dansent & bondissent de joie ; les premiers, dans la crainte de perdre la fortune qu'ils possèdent ; les autres, par l'espoir de s'en faire une par le carnage & la guerre. Ces signes présagent la mort ou la chûte des Rois. — Adieu : nos Compatriotes se sont dispersés, bien persuadés que leur Roi Richard est mort.

(L'Officier sort.)

SALISBURY.

Ah ! Richard, c'est avec une douleur profonde que je vois ta gloire, comme ces feux tombans de l'atmosphère, se précipiter du firmament dans la poussière de la terre. Ton soleil se couche chargé de nuages, & s'abîme sous l'Occident, annonçant les orages, les terreurs & les maux prêts à fondre: tes amis ont fui & se sont joint à tes ennemis; tous les événemens prennent un cours fatal à ton bonheur. (*Il sort.*)

SCENE III.

Le Théâtre repréſente les côtes de la Province de Galles (§); vue d'un Château. Fanfare de tambours & de trompettes.

LE ROI RICHARD, AUMERLE, L'ÉVÊQUE DE CARLILLE(†): troupe de Soldats.

RICHARD.

N'est-ce pas le château de Barklougly qu'on voit de ce côté, tout près de nous?

(†) Thomas Merkes, sacré Evêque en 1397, grand caractère.

RICHARD II.

AUMERLE.

Oui, mon Prince. — Comment Votre Majesté trouve-t-elle l'air, après avoir été battue tous ces jours sur les flots agités ?

LE ROI.

Il est impossible, que je ne le respire pas avec plaisir : je pleure de joie, de me retrouver encore une fois sur le sol de mon Royaume. — Terre chérie, je te salue de ma main, quoique les rebelles te déchirent le sein avec les fers de leurs chevaux. Comme une mère, depuis long-tems séparée de son enfant,

---

qui défendit son Roi Richard en plein Parlement, & prouva, que Bolingbroke, déja sur le trône, étoit plus coupable que lui : il fut conduit dans l'Abbaye de Saint-Albans, sans changer ni démentir son loyal attachement, qu'il ne pouvoit aisément & honnêtement dissimuler. Il fut le seul du parti de Richard, auquel Bolingbroke pardonna, soit par respect pour son état, soit par admiration de sa constance & de sa fidélité. Le Pape, qui ne refusoit rien au Roi, eut la foiblesse de lui accorder la translation de ce vertueux Evêque, de son siége à celui de Semur, en Grèce, Evêché qui ne rapportoit pas un sol. Merkes fut assez heureux pour ne pas accepter le don de son ennemi, & dédaigna de tenir sa vie de celui qui avoit ôté à son Roi la vie & son Royaume ; il mourut peu de tems après, & échappa ainsi à la moquerie de sa translation, sans rien perdre de son honneur ni de sa gloire. *Gray.*

pleure & foûrit de tendreffe, dans la joie de le revoir! je te falue de même, ô ma chère Patrie, les yeux pleins de larmes & le rire fur les lèvres, & je te touche & te careffe avec tranfport de mes mains royales. Terre, amie de Richard, ne nourris pas l'ennemi de ton Souverain! Refufe de réparer, par tes dons précieux, fes fens affamés! Affemble dans fon chemin tes reptiles impurs; qu'enflés de ton venin, ils fe traînent fous fes pas, & offenfent les pieds du traître ufurpateur qui ofe fouler ton fein. Ne produis, pour ces rebelles, que de poignantes épines; & s'ils veulent arracher de ton fein une fleur, cache près d'elle, je t'en conjure, un ferpent qui la défende, & dont le double dard porte un poifon mortel au cœur des ennemis de ton Souverain. — Gardez-vous, Lords, de vous moquer de mon invocation, & de la croire adreffée à un objet infenfible. Oui, cette terre aura du fentiment, & fes pierres fe changeront en foldats armés (†), avant que le Roi, né dans fon fein, fuccombe fous les armes coupables des rebelles.

L'ÉVÊQUE DE CARLILLE.

Raffûrez-vous, mon Souverain. Le pouvoir qui

(†) Peut-être le Poëte fait-il ici allufion à la fable de Cadmus & des hommes armés fortis des dents du dragon, femées fur la terre. *Gray.*

vous a fait Roi, est assez fort pour vous maintenir Roi, en dépit de tous. Il faut saisir les moyens que le ciel présente, & ne pas les négliger : autrement, si le ciel nous offre un secours, & que nous refusions l'offre du ciel, c'est refuser nous-mêmes notre salut (†).

AUMERLE.

Il veut dire, mon Prince, que nous sommes trop indolens, tandis que Bolingbroke, au milieu de notre sécurité, s'aggrandit & se fortifie en puissance & en amis.

LE ROI.

Cousin, qui te plais à nous alarmer, ne sais-tu pas, que lorsque l'œil pénétrant des cieux se cache derrière le globe, & descend éclairer le monde qui est sous nos pieds, c'est le tems où, sur le nôtre, les voleurs & les brigands errent dans l'ombre, invisibles & sanglans, semant par-tout le meurtre & l'outrage ? Mais dès que l'astre remontant de ce bas

---

(†) L'Evêque de Carlille s'efforce de réveiller le Roi de son inertie, & de lui rendre le courage de se bien montrer aux rebelles; il l'exhorte à ne plus se fier à la foible défense du droit contre la force, & à ne plus s'attendre que la Providence, par égard pour son droit divin, combattra seule pour lui, & fera son ouvrage, tandis qu'il restera dans l'inaction. *Mistrifs Griffith.*

hémisphère, enflamme à l'Orient les cimes élevées de nos forêts & lance les traits de sa lumière dans les cavernes coupables, alors les meurtres, les trahisons, tous les forfaits détestés, dépouillés du noir manteau de la nuit, restent nuds & découverts, & sont épouvantés de se voir. Ainsi, dès que ce brigand, ce traître Bolingbroke, qui s'est donné carrière toute la nuit, tandis que nous étions absens & errans presqu'au sein des Antipodes, nous reverra brillans remonter sur notre trône ; ses trahisons se peindront sur son visage rougissant & confus : il ne pourra soutenir l'éclat du jour ; & effrayé de lui-même, il tremblera à la vue de son crime. Tous les flots de l'Océan n'effaceroient pas l'auguste caractère d'un Roi & l'onction sainte qui l'a consacré. Le représentant de Dieu, une fois élu, le souffle d'une voix mortelle ne peut plus le déposer. Pour opposer aux hommes que Bolingbroke a forcés de lever un fer menaçant contre notre Couronne, le Dieu des armées, pour défendre Richard son Lieutenant sur la terre (†), arme dans le ciel un Ange immortel :& si les Anges combattent pour

---

(†) Richard, après avoir témoigné son mépris pour Bolingbroke & ses partisans, fait une réponse conforme à la superstition politique de ces tems sur la doctrine de l'inviolabilité du droit sacré des Rois, *Mistrifs Griffith*. Cette Angloise s'exprime ici en Républicaine décidée.   nous,

nous, il faut que les foibles mortels succombent! Car le ciel (†) toujours garde le juste.

SCENE IV.

Les mêmes; SALISBURY.

RICHARD.

Soyez le bien venu, Comte. A quelle distance sont vos forces?

SALISBURY.

Ni plus près, ni plus loin, mon gracieux Prince, que n'est ce foible bras. Le découragement maîtrise ma voix, & ne me permet d'autre mot, que le désespoir. Je crains, mon noble Prince, qu'un jour de plus n'ait éteint la gloire de vos beaux

---

(†) La doctrine de l'inviolable droit des Rois, est ici exprimée dans les termes les plus forts. Cependant Shakespéar ne l'avoit pas apprise sous le règne de Jacques Premier, règne auquel il est passé en usage pour tous les Ecrivains qui se laissent guider par la mode ou par l'intérêt, d'imputer l'origine de toute maxime, qu'ils ont appris à croire fausse ou insensée. *Johnson.*

jours sur la terre. Oh! faites retrograder le tems sur ses pas, rappellez le jour d'hier, & vous aurez encore douze mille combattans à vos ordres. Le jour qui vous luit, ce malheureux jour, disperse vos amis, & renverse votre bonheur, votre fortune, votre grandeur. Tous les braves Gallois, sur le bruit que vous étiez mort, ont déserté, & sont allés joindre Bolingbroke.

AUMERLE.

Prenez courage, mon Souverain. Pourquoi cette pâleur?

LE ROI.

Il n'y a qu'un moment, que le sang de vingt mille hommes dévoués à ma défense, me remplissoit de confiance; & ils ont déserté ! Jusqu'à ce que je me revoie le même nombre de combattans, n'ai-je pas sujet d'être pâle & consterné ? Tous ceux qui aiment leur sûreté, abandonnent mon parti. Le tems, je le vois, a amené un nuage épais qui éclipse ma gloire.

AUMERLE.

Rassûrez-vous, mon Souverain : souvenez-vous qui vous êtes.

LE ROI.

Je m'oubliois moi-même. Ne suis-je pas Roi ? Réveille-toi, lâche Majesté ! Tu dors ! Le nom de

Roi n'équivaut-il pas à quarante mille hommes ? Arme-toi, arme-toi, nom tout-puissant ! Un vil Sujet ose s'attaquer à ta grandeur suprême ! (*Aux Lords.*) N'attachez point ainsi vos regards sur la terre, vous, favoris d'un Roi. Ne sommes-nous pas les Grands du Royaume ? Que nos pensées soient grandes ! Je sais que mon oncle Yorck a des forces suffisantes pour défendre nos droits. — Mais, qui vois-je s'avancer vers nous ?

SCENE V.

Les mêmes ; SCROOP *arrive.*

SCROOP.

Que le ciel envoie à mon Souverain plus de santé & de bonheur, que ma voix, organe du malheur, ne peut lui en annoncer !

LE ROI.

Mon oreille est ouverte, & mon cœur est préparé (†). Le plus grand des revers que tu puisses m'an-

---

(†) Il paroît que l'intention du Poète a été de rendre Richard estimable dans sa chûte, & d'intéresser le Lecteur en sa faveur.

noncer ne fera jamais qu'une perte de biens temporels. Tu peux t'expliquer : parle, mon Royaume eft-il perdu? Hé bien ! c'étoit pour moi une fource d'inquiétudes. Et que perd-on à s'affranchir de fes inquiétudes ? Bolingbroke afpire - t - il à être auffi grand que nous (†)? Pour plus grand, il ne le fera jamais. S'il fert Dieu, nous le fervirons auffi, & par-là nous ferons fon égal. Mes Sujets fe révoltent - ils ? C'eft un mal auquel je ne puis remédier : ils violent la foi qu'ils ont jurée à Dieu & à nous. Annonce malheur, deftruction, ruine, perte, décadence : le pire des maux, c'eft..... la mort; & la mort a fon jour inévitable.

Il ne lui donne qu'une fermeté paffive, la vertu d'un martyr, plutôt que celle d'un Roi. Nous l'avons vu impérieux & violent dans la profpérité, & dans le malheur il eft fage, patient & pieux. *Johnfon.*

(†) Mais ce foible Roi n'avoit dans l'ame aucun véritable héroïfme. Sur la nouvelle des plus grands maux qui furviennent, il laiffe auffi-tôt échapper le rôle d'un Roi qui doit combattre, & defcend à celui d'un Prêtre qui prêche.

Ce morceau & le fuivant n'en contiennent pas moins de belles & fages réflexions fur l'infipidité du bonheur des mortels & l'incertitude de leur état, dont les Grands & les Rois ne font pas plus exempts que leurs Sujets. *Miftrifs Griffith.*

RICHARD II.

SCROOP.

Je fuis bien-aife de voir, que Votre Majefté s'eft armée de courage pour foutenir l'adverfité. Telle qu'une tempête horrible & foudaine, qui enfle les paifibles rivières au-deffus de leurs bords fubmergés, comme fi l'Univers alloit fe fondre en torrens : telle fe répand au loin la fureur effrénée de Bolingbroke, couvrant vos Etats confternés d'armes & d'acier, & de cœurs plus durs que l'acier. Les vieillards à la barbe épaiffe & blanchie par les ans, ont armé de cafques leurs têtes chauves contre Votre Majefté : des enfans s'efforcent de groffir leur voix grêle & féminine, & affectent de contrefaire les fons mâles des guerriers : on les voit enfermer leurs membres délicats fous de roides & pefantes armes, fous le poids du fer inflexible, pour attaquer votre Couronne. Jufqu'à vos Aumoniers (†), payés de vos bienfaits pour prier Dieu pour vous, apprennent à bander l'if (¶) dou-

---

(†) *Beadmen, Chapelains :* Tout homme à qui on fait la charité, pour qu'il prie pour fon bienfaiteur. *Johnfon.*

(¶) Doublement fatal, parce que les feuilles de l'If font vénimeufes, & que le bois en eft employé pour les inftrumens homicides. *Warburton.*

Par un ancien ftatut, il paroît que chaque Anglois, dans le tems qu'on fe fervoit de flèches, étoit obligé d'avoir chez lui

blement fatal de leurs arcs, pour s'en servir contre vous. Jusqu'aux femmes mêmes, dont les mains ne connoissoient que le fuseau, essaient la serpe rouillée dans leur foyer, & menaçent votre Trône. Jeunes & vieux, tout est révolté : & la vérité est encore plus affreuse que mon récit. Tout est dans un état plus déplorable, que je ne puis vous le dire.

LE ROI.

Tu ne t'exprimes que trop bien, pour tout le mal que tu annonces.—Où est le Comte de Willshire? Où s'est-il réfugié ? Qu'est devenu Bushy ? Où est Green ? Qu'ils aient ainsi laissé ce dangereux ennemi s'avancer en paix sur nos frontieres !.... Si nous l'emportons, ils le paieront de leurs têtes. — Je gage, qu'ils ont fait leur paix avec Bolingbroke.

SCROOP.

Il est vrai, Seigneur ; leur paix est faite avec lui.

LE ROI.

O les scélérats! Point de miséricorde pour eux, &

---

un arc d'If ou d'autre bois. Ainsi les Ifs étoient plantés dans les cimetières, non - seulement pour servir d'abri aux Eglises contre les vents, mais aussi pour servir à faire des arcs : & on les plaçoit dans des enclos fermés, pour garantir le bétail de leur qualité vénéneuse.

l'enfer eſt leur ſalaire. Vils reptiles accoutumés à flatter le premier venu! Serpens réchauffés ſur mon cœur, & qui me percent le ſein! Trois infâmes traîtres, plus déteſtables mille fois, que le traître Judas! Ils ont fait leur paix! Que le redoutable enfer exerce une guerre éternelle ſur leurs ames impures, pour ce lâche attentat!

SCROOP.

La tendre amitié, je le vois, change de nature & ſe tourne en haine mortelle. — Révoquez vos malédictions ſur leurs ames; ils ont fait leur paix en donnant leurs têtes, & non pas leurs mains. Ceux que vous maudiſſez, ont reçu le coup le plus cruel de la main de la mort, & ſont giſans maintenant dans le ſein de la terre.

AUMERLE.

Eſt-ce que Bushy, Green & le Comte de Wilshire ſont morts?

SCROOP.

Oui, tous trois ont laiſſé leurs têtes ſur un échaffaud, à Briſtol.

AUMERLE.

Où eſt le Duc mon pere avec ſes troupes?

LE ROI.

N'importe, où il est?.... Que personne ne me parle de consolation. Entretenons-nous de tombeaux, d'épitaphes funebres, de destruction (*) : choisissons nos exécuteurs testamentaires, & dictons nos dernières volontés. Et cependant, non ; — car que pourrons-nous léguer... que le cadavre d'un Roi détrôné à la terre ? Nos Etats, notre vie, tout appartient à Bolingbroke, & il n'est plus rien que nous puissions dire à nous, que la mort, & cet étroit & dernier vêtement d'argile qui embrasse & couvre nos ossemens. Au nom du ciel, asseyons-nous sur le sable, & repassons les tristes histoires de la mort des Rois. Combien de Monarques détrônés! Combien de tués dans la guerre! D'autres, sans cesse obsédés des fantômes de ceux qu'ils avoient dépossédés : d'autres, empoisonnés par leurs propres femmes : d'autres, égorgés dans les bras du sommeil ; tous assassinés! La mort a établi sa cour dans le cercle de cette Couronne, qui ceint le front mortel d'un Roi : c'est là que siége son Spectre (†), & qu'elle se rit de la grandeur, & qu'elle insulte à la vaine

---

(†) *C'est-là que siége la bouffonne ; Antick ou fool* : dans les anciennes farces, le rôle principal du fou étoit de railler, & de déconcerter la gravité des plus grands & des plus austères personnages. *Johnson.*

Majesté :

RICHARD II.

Majesté : elle lui accorde un souffle de vie, une courte scène pour jouer le Monarque, se faire redouter, & tuer d'un regard, l'enivrant d'orgueil & d'une sotte présomption, — comme si cette chair, qui entoure & défend notre vie, étoit d'un bronze impénétrable ! & bientôt après s'être amusée un moment, elle finit la farce; d'un petit poinçon elle traverse ce rempart de chair... & adieu le Roi. (*Aux Lords.*) Couvrez vos têtes, & n'insultez pas par ces profonds hommages une masse fragile de chair & de sang. Bannissez le respect, les formalités, les cérémonies, tous ces vains égards transmis par la coutume. Vous vous êtes mépris; vous m'avez méconnu jusqu'à présent : je vis de pain comme vous; je sens, comme vous, les besoins; je sens l'amer chagrin; j'ai besoin d'amis, comme vous. Sujet de toutes ces nécessités, comment pouvez-vous me dire, que je suis un Roi ?

L'ÉVÊQUE DE CARLILLE.

Seigneur : l'homme sage ne déplore jamais les maux présens; il emploie le présent à éviter d'en déplorer d'autres dans l'avenir. Redouter ainsi votre ennemi, & laisser la crainte opprimer votre force, c'est fortifier de votre foiblesse la puissance de votre ennemi; & par-là, votre folle douleur combat contre vous-même. — Craindre, & être tué ! .... Il ne vous arrivera rien de pis en combattant.... Combattre, & mourir, c'est rendre la mort que l'on reçoit, & détruire le destructeur; au lieu que, mourir en tremblant, c'est céder, en esclave, à la mort le tribut de sa vie (†).

AUMERLE.

Mon père a quelques troupes. Informez-vous, où il est, & apprenez à tirer d'un seul membre la force du corps entier.

LE ROI.

Tes reproches sont justes. — Superbe Bolingbroke, je vais me mesurer avec toi dans ce jour fatal, qui va décider notre sort. Cet accès de terreur est tout-à-fait dissipé. — Il doit être aisé de reprendre son bien. — Dis-moi, Scroop; où est notre oncle avec ses troupes? Homme, réponds-moi avec douceur, quoique tes regards soient sinistres.

SCROOP. (2*).

Je joue ici malgré moi le rôle d'un bourreau, qui

(†) L'Evêque de Callille, qui a plus de cœur & de tête, véritable enfant de l'Eglise Militante, tâche de lui inspirer des sentimens plus dignes d'un Roi, & plus conformes aux circonstances. *Mistrifs Griffith.*

prolonge lentement vos douleurs, en gardant pour le dernier le trait le plus cruel. — Votre oncle York s'eſt joint à Bolingbroke : toutes vos Places fortes du Nord ſe ſont rendues à lui, & toute votre Nobleſſe des Provinces du Midi eſt en armes ſous ſes drapeaux.

LE ROI.

Tu en as dit aſſez. (*A Aumerle.*) Malédiction ſur toi, cruel couſin, qui m'as arraché la douceur, que j'étois prêt de goûter dans le déſeſpoir ! Que dis-tu à préſent ? Quelle reſſource avons-nous maintenant ? Par le ciel(†), je haïrai d'une haine éternelle quiconque m'exhortera davantage à me conſoler. Allons, au château de Flint. J'y veux mourir de ma douleur. On verra un Roi, eſclave du malheur, ſe ſoumettre en Roi au malheur. Congédiez les troupes qui me reſtent ; & qu'ils aillent labourer la terre, qui leur offre encore quelques eſpérances. Pour moi, il ne m'en reſte plus. — Que perſonne ne me parle, pour changer mon deſſein : tout conſeil eſt vain.

(†) Ce ſentiment eſt puiſé dans la nature ; rien n'offenſe plus un infortuné bien convaincu que ſon malheur eſt ſans remède, & qui ſe prépare à ſe ſoumettre tranquillement à l'inévitable calamité, que ces vaines eſpérances & ces miſérables conſolations, qu'une compaſſion mal-adroite croit ſe faire un mérite d'adminiſtrer. *Johnſon.*

O ij

AUMERLE.

Mon Souverain, un mot.

LE ROI.

Celui qui me blesse de ses trompeuses flatteries, m'offense doublement. — Licentiez ceux qui me suivent. Qu'ils fuient loin de la nuit affreuse où Richard est plongé, vers la lumière éclatante qui éclaire Bolingbroke. (*Tous sortent.*)

SCENE VI.

Le Théâtre représente le camp de Bolingbroke devant le château de Flint (§).

BOLINGBROKE, YORK, NORTHUMBERLAND & Suite, *entrent au son des instrumens militaires, & suivis de leurs drapeaux.*

BOLINGBROKE.

Ainsi, nous apprenons, par cet avis, que les Gallois sont dispersés, & que Salisbury est allé

___
(§) Bolingbroke n'avança pas plus loin que le château de

joindre le Roi, qui vient tout récemment de débarquer fur cette côte avec quelques amis intimes.

NORTHUMBERLAND.

Voilà une bonne & agréable nouvelle, Seigneur ! Richard eft donc venu cachèr fa tête affez près de ces lieux ?

YORK.

Il feroit décent, que le Lord Northumberland voulût bien dire, *le Roi Richard*. — O jour de calamité, où le Souverain légitime & facré eft obligé de cacher fa tête !

NORTHUMBERLAND.

Votre Grace m'interprète mal : c'étoit pour abréger, que j'avois omis le titre.

YORK.

Il fut un tems, où fi vous aviez ofé abréger ainfi, il vous auroit, pour tant de licence, accourci de toute la tête.

Flint, dans le pays de Galles : fon entrevue avec Richard fe paffa au château de Flint, où plutôt dans le camp de Bolingbroke, devant ce château. *Steevens*.

BOLINGBROKE.

Mon oncle, ne prenez pas les chofes plus mal, que vous ne le devez.

YORK.

Et vous, mon cher cousin, ne vous avancez pas plus loin que vous ne devez, de peur de vous égarer. Le ciel eft au-deffus de votre tête.

BOLINGBROKE.

Je le fais, mon oncle; & je ne m'oppofe point, moi, à fes volontés.—Mais, qui s'avance vers nous?

SCENE VII.

Les mêmes; PERCY.

BOLINGBROKE.

Soyez le bien-venu, Henri. Hé bien, eft-ce que cette fortereffe ne fe rendra point?

PERCY.

Une force Royale, Milord, vous en défend l'entrée.

RICHARD II.

BOLINGBROKE.

Comment, Royale! Elle ne renferme point de Roi!

PERCY.

Oui, Milord : elle renferme un Roi. Le Roi Richard eſt enfermé dans cette enceinte d'argile & de pierres que vous voyez là-bas ; & avec lui ſont le Lord Aumerle, le Lord Salisbury, Sir Etienne Scroop ; & de plus, un Prêtre, qui eſt un Prélat reſpectable ; ſon nom, je n'ai pu le ſavoir.

NORTHUMBERLAND.

Il y a apparence, que c'eſt l'Evêque de Carlille.

BOLINGBROKE, *à Northumberland.*

Noble Lord, avancez près des murs de cet antique château : que l'airain de la trompette éclatante annonce, au travers de ſes ruines, un pour-parler, & portez au Roi ce meſſage. » Henri de Bolingbroke, proſterné ſur ſes genoux, baiſe, avec reſpect, la main du Roi Richard, & envoie à Sa Majeſté l'aſſûrance de ſon hommage, & de la foi loyale de ſon cœur. Je viens ici mettre à ſes pieds mes armes & mes forces ; pourvu que le rappel de mon banniſſement ſoit prononcé, & que mes domaines me ſoient reſtitués, pour en jouir en liberté. Sinon,

j'uferai de l'avantage de ma puiffance, & j'arroferai la poufière de l'été de torrens de fang, tiré des flancs des Anglois égorgés. Mais, combien il en coûteroit au cœur de Bolingbroke, d'être forcé de noyer dans le fang la face riante & fleurie de ce beau Royaume de Richard, c'eft ce que lui prouveront mon humble foumiffion & mon tendre dévouement«.
— Allez, portez lui ces paroles; tandis que nous, nous allons avancer fur le tapis de cette plaine verdoyante. — Marchons fans faire entendre le bruit menaçant des tambours, afin que nul obftacle ne traverfe le fuccès de notre négociation, qui va s'entamer du haut des murs ruineux de ce château. —
Je préfume, que la rencontre du Roi Richard & de nous, ne fera ni moins violente, ni moins terrible, que celle de deux élémens ennemis, lorfque le feu & l'eau, dans leur choc formidable, déchirent à grand bruit le front nébuleux du firmament (* 3). Marchons en avant, & obfervons, quelle fera la contenance du Roi Richard,

SCENE VIII.

SCENE VIII.

La trompette sonne, & une autre répond de l'intérieur de la Forteresse. Fanfare. Le Roi Richard paroît sur les remparts, suivi de l'Evêque de Carlille, d'Aumerle, de Scroop & de Salisbury.

Bolingbroke, suivi d'York, Northumberland, &c. se sont avancés sur la plaine, plus près des murs, & sont en Scène, observant Richard & ce qui se passe sur les remparts.

YORK.

Voyez : voilà le Roi. Il paroît comme le soleil rougissant & mécontent, à la porte enflammée de l'Orient, lorsqu'il voit les nuages jaloux se préparer à ternir sa gloire, & à souiller son brillant passage à l'Occident. Cependant il a toujours la contenance d'un Roi. Voyez: son œil, aussi brillant que celui de l'aigle, donne à son front plus d'éclat & de Majesté. Hélas! quel dommage qu'aucun outrage défigurât jamais ce front auguste & gracieux !

LE ROI RICHARD, *à Northumberland, qui se tient debout devant lui, sans s'être incliné.*

Je suis confondu d'étonnement ; & tu m'as vu long-tems immobile ! J'attendois que ton genou respectueux fléchît devant nous, qui croyons être ton légitime Souverain. Si nous le sommes, comment oses-tu oublier de payer l'hommage que tu dois à notre préfence? Si nous ne le sommes pas, montre-nous, quand la main de Dieu nous a dépossédés de l'autorité dont il nous avoit établis, économe. Car nous savons, que nulle main de chair & de sang ne peut saisir notre Sceptre sacré, sans qu'elle le profane, le vole & l'usurpe. Et, quoique tu penses, que tous mes Sujets, imitant votre exemple, m'ont arraché leurs cœurs en les séparant du nôtre, & que nous sommes abandonnés & dénués d'amis ; apprends aussi, que mon Maître, le Dieu tout-puissant, assemble dans les airs, en notre faveur, des armées de nuages pestilentiels, qui frapperont vos enfans encore à naître, & les puniront de ce que leurs pères ont osé lever leurs mains vassales contre la tête de leur Roi, & attenter à la gloire de mon augufte Couronne. Dis à Bolingbroke (car je crois que c'eſt lui que j'apperçois là-bas) que chaque pas qu'il fait dans mes Etats , eſt un crime, une trahiſon. Il vient ouvrir le teſtament ſanglant de la Guerre ; mais avant que la Couronne , où viſent ſes regards , repoſe en paix ſur ſa tête , que de mères verront les crânes amoncelés de leur fils attriſter la riante ſurface de ces champs ! L'heureuſe paix gémira foulée ſous les pieds de la guerre , & ces vaſtes plaines regorgeront du ſang Anglois le plus pur & le plus fidèle.

LE DUC D'YORK.

Le Roi des Cieux ne permettra pas, que jamais vos Sujets arment ainſi leurs mains barbares , pour fondre ſur le Roi notre Souverain. Votre illuſtre & généreux couſin vous baiſe humblement la main : & il jure , par la tombe honorable qui couvre les cendres de votre Royal aïeul , par la Royale nobleſſe de votre ſang, dont la ſource commune s'eſt partagée entre vous deux & coule dans vos veines; par le bras inanimé du belliqueux Gaunt , par ſa gloire & ſon honneur perſonnels , ſerment qui vaut ſeul toutes les paroles & tous les ſermens , que ſon retour dans ce Royaume n'a d'autre but que de réclamer ſon illuſtre héritage , & de vous demander à genoux ſes droits & leur libre jouiſſance. Dès

P ij

qu'une fois Votre Majefté aura foufcrit a fa demande, auffi-tôt il rend à la rouille du repos fes armes brillantes, fes rapides courfiers à leurs étables, & fon cœur au fidèle fervice de Votre Majefté. Voilà ce qu'il jure d'obferver, comme il eft Prince & jufte. Et moi, j'en fuis le garant, fur ma foi de Noble.

RICHARD.

Northumberland, dis-lui : » Voici la réponfe du Roi. Son noble coufin fera le bien-venu, & toutes fes juftes demandes feront fatisfaites fans contradiction ; & dans les termes les plus gracieux, que tu fauras bien trouver, afsûre-le de mes tendres fentimens. (*Northumberland va trouver Bolingbroke.*) (*Le Roi fe tournant vers Aumerle.*) Je m'avilis moi-même, coufin ; n'eft-il pas vrai ? en montrant tant de foibleffe, & en parlant avec tant de douceur. Rappellerai-je Northumberland, & enverrai-je un défi au traître, avec la réfolution de mourir ?

AUMERLE.

Non, non, mon bon Souverain : combattons avec des paroles de douceur, jufqu'à ce que le tems nous prête des amis, & ces amis le fecours de leurs épées.

RICHARD.

O Dieu ! ô Dieu ! faut-il que ma bouche, qui

a prononcé l'arrêt du banniffement contre ce Sujet hautain, que je vois dans la plaine, le révoque aujourd'hui avec des paroles fi douces ! Oh ! que ne fuis-je aufli grand que l'eft ma douleur ; ou que je fuffe au-deffous du titre que je porte : que je puffe oublier ce que j'ai été ; ou ne pas me fouvenir de ce que je fuis à préfent ! Gonfle-toi, mon cœur ; c'eft à toi que vifent mes ennemis (*4).

AUMERLE.

Voilà Northumberland, que Bolingbroke renvoie vers nous.

RICHARD.

Quel parti doit prendre le Roi maintenant ? Faut-il qu'il fe foumette? Eh bien, le Roi fe foumettra. Faut-il qu'il foit dépofé? Le Roi fe laiffera dépofer. Faut-il qu'il perde le titre de Roi? Au nom de Dieu, que ce nom foit anéanti ! Je vais changer mes diamans contre un chapelet, mes palais fomptueux contre un hermitage, la pourpre qui me couvre contre la bure du mendiant, mes coupes d'or pour une taffe de bois, mon fceptre pour un bâton de palmier, tous mes fujets pour une couple de groffières ftatues de Saints, & mon vafte Royaume pour l'efpace d'un tombeau, pour un étroit & obfcur tombeau ! —ou peut-être ferai-je enféveli dans le grand chemin, fous quelque route publique & fréquentée, où le pied de mes Sujets pourra à chaque minute marcher fur la tête de leur Souverain (*5). Aumerle, tu pleures! Mon tendre & fenfible coufin. — Ah! pleurons, pleurons, jufqu'à nous creufer un tombeau à force de larmes (*6). —Mais je vois, que je me livre à de vains difcours, que je fuis ridicule à tes yeux, & que le Roi te fait pitié. (*A Northumberland qui s'avance*). Puiffant Prince, Lord Northumberland, que dit le Roi Bolingbroke? Sa Majefté veut-elle permettre à Richard de vivre, jufqu'à ce que Richard meure? — Ce profond falut m'annonce que Bolingbroke répond : *Je le permets.*

NORTHUMBERLAND.

Seigneur, il vous attendra dans la baffe-cour du Palais, pour conférer avec vous : vous plaît-il de defcendre?

RICHARD, (*avec un fentiment de défefpoir fur la double fignification du mot*).

Oui, oui ; je defcends ! (*7) Et je laiffe échapper les rênes de mes Sujets indociles. (*Northumberland fe retire vers Bolingbroke*). Dans la baffe-cour! Un Roi va s'abaiffer à l'humiliation de venir à la voix d'un traître, & de lui faire grace! Allons, defcendons ;

RICHARD II.

Roi, descends de ta grandeur ; l'affreux usurpateur s'élève sur la tête du Roi légitime (*8). (*Le Roi & les Lords descendent des remparts*).

BOLINGBROKE, *à Northumberland.*

Que dit Sa Majesté ?

NORTHUMBERLAND.

La douleur & le chagrin, dont son cœur est plein, le font parler comme un frénétique ! Cependant il vient vers vous.

SCENE IX.

RICHARD *paroît, & s'avance avec sa suite.*

BOLINGBROKE, *aux Lords de son parti.*

Tenez-vous tous à l'écart, & montrez le plus grand respect pour Sa Majesté. (*A Richard, fléchissant un genou en terre*). Mon gracieux Souverain.....

RICHARD.

Noble cousin, vous abaissez trop votre grandeur, en courbant votre genou jusque sur la poussière de la terre, étonnée de le sentir. J'aimerois bien mieux, que mon cœur sentît l'effet de votre amitié, que de voir ce respectueux hommage qui blesse mes yeux. Levez-vous, cousin, levez-vous : quoique vos genoux s'abaissent si bas, votre cœur s'élève, je le sais, au moins à cette hauteur. (*Portant la main à sa tête*).

BOLINGBROKE.

Mon gracieux Souverain, je ne viens que pour réclamer mes biens.

RICHARD.

Vos biens sont à vous, & je suis à vous aussi moi, & tout est à vous !

BOLINGBROKE.

Soyez à moi, mon très-redouté Souverain, autant que mes fidèles services mériteront votre affection.

RICHARD.

Vous la méritez bien. — C'est la bien mériter, que de connoître le moyen le plus sûr & le plus fort pour la gagner. (*A York.*) Bon oncle, donnez-moi votre main : allons, séchez vos larmes. Les larmes prouvent l'amitié, mais elles ne sont pas un remède. (*A Bolingbroke.*) Cousin, je suis trop jeune pour être votre père, quoique vous soyez assez

vieux

RICHARD II.

vieux pour être mon héritier : ce que vous voulez avoir, je vous le donnerai, & de bonne grace; car il faut faire de bonne grace, ce que la force nous contraindroit de faire. — Marchons vers Londres. — Le voulez-vous, cousin ?

BOLINGBROKE.

Oui, Seigneur.

RICHARD.

Alors, je ne dois pas dire, non. (*Fanfare. Ils sortent.*)

SCENE X.

Le Théâtre repréfente un jardin du Duc d'York.

LA REINE, & *deux de fes Femmes.*

LA REINE.

QUE pourrions-nous imaginer, dans ce jardin, pour diftraire mon ame des noires inquiétudes qui l'accablent ?

Tome VIII.

RICHARD II.

UNE DES FEMMES.

Madame, fi vous voulez, nous jouerons aux boules.

LA REINE.

Non, ce jeu me feroit fonger que le monde eft plein d'inégalités & d'obftacles, & que ma fortune détournée de fon cours, roule vers fa ruine.

UNE LADY.

Madame, la danfe vous plairoit-elle mieux ?

LA REINE.

Je ne prendrois aucun plaifir aux pas mefurés de la danfe, lorfque mon pauvre cœur eft en proie à un chagrin fans mefure. Ainfi, ma chère, ne parlons point de danfe : tout autre jeu, plutôt.

LADY.

Hé bien, nous conterons des hiftoires.

LA REINE.

Triftes, ou joyeufes ?

LADY.

L'un & l'autre, Madame.

LA REINE.

Ni l'un, ni l'autre, ma chère; si elles étoient gaies, elles ne serviroient qu'à me rappeller mes peines, à moi, qui n'ai nulle joie dans le cœur. Si elles étoient tristes, elles ne feroient qu'ajouter à mon chagrin, & je n'ai pas besoin de l'augmenter (*9).

LADY.

Madame, je chanterai.

LA REINE.

Vous êtes heureuse, d'avoir sujet de chanter. Mais vous me plairiez bien davantage, si vous vouliez pleurer.

LADY.

Je pleurerois, Madame, si mes larmes pouvoient vous soulager!

LA REINE.

Et si les larmes pouvoient me soulager, je pleurerois aussi, moi, & je n'emprunterois pas une larme de vous. Mais, cessons. — J'entends venir les Jardiniers: enfonçons-nous sous l'ombrage. Je gage, qu'ils vont parler de l'Etat (*10); car tout le monde en parle, dans le moment d'une révolution. Les grandes calamités font toujours précédées par des murmures publics, plaintifs & défaftreux. (*La Reine & fes deux femmes s'enfoncent fous les arbres.*)

SCÈNE XI.

Les mêmes ; entre UN JARDINIER EN CHEF, *avec fes deux Hommes.*

LE JARDINIER.

VA étayer là-bas ce malheureux abricotier, dont les fruits, comme des enfans ingrats & indociles, font ployer leur père fous l'oppreffion de leur poids exceffif : donne quelque appui à fes branches abaiffées jufqu'à terre. — Et toi, va faire juftice de ces rejettons trop abondans ; tranche leur tête, qui s'élève trop & domine fur notre République. Tout doit être de niveau dans notre Gouvernement. — Tandis que cette tâche vous occupera tous deux, moi, je vais extirper ces gerbes fauvages & nuifibles, qui volent, fans aucun profit, à la terre des fucs qui appartiennent aux fleurs falutaires.

UN DES SOUS-JARDINIERS.

Pourquoi prétendrions-nous, dans l'efpace de cette

étroite enceinte, entretenir des loix, des proportions conftantes, & montrer en tout le modèle d'un État réglé; lorfque notre vafte verger, que la mer enclôt, le Royaume entier eft rempli de ronces; que fes plus belles fleurs font étouffées, que fes arbres fruitiers font négligés, fes haies ruinées, fes parterres défigurés, & fes plantes utiles dévorées par les chenilles?

LE JARDINIER.

Sois tranquille. Celui qui a fouffert tout ce défordre au printems, fe trouve aujourd'hui à la faifon de la chûte des feuilles. Les tiges malfaifantes qu'il protégeoit de fon augufte & vafte ombrage, & qui le dévoroient en paroiffant l'appuyer, font arrachées jufqu'à la racine par Bolingbroke : Je défigne ici le Comte de Wiltshire, Green & Bushy.

LE SOUS-JARDINIER.

Comment ? Eft-ce qu'ils font morts ?

LE JARDINIER.

Ils font morts, & Bolingbroke a faifi le Roi diffipateur. Quelle chofe déplorable, qu'il n'ait pas foigné & cultivé fon Royaume, comme nous avons fait ce jardin ! Nous, dans certaine faifon de l'année, nous bleffons du fer la tendre racine de nos arbres, de crainte que regorgeant de sève & de fucs nourriciers, ils ne périssent de l'excès de leurs richesses. S'il en eût usé de même avec les grands & les ambitieux, ils auroient pu vivre pour être utiles, & lui, pour jouir des fruits de leur obéissance. Nous élaguons toutes les branches superflues, pour conserver la vie aux rameaux féconds : s'il l'eût fait, il porteroit encore la Couronne, que son oisive indolence & son luxe ruineux ont fait tomber de sa tête.

LE SOUS-JARDINIER.

Quoi? Croyez-vous que le Roi sera déposé?

LE JARDINIER.

Il est déja soumis & abattu, & il y a toute apparence qu'il sera déposé. La nuit dernière il est venu des lettres à un ami de la maison du bon Duc d'York, qui annoncent de tristes nouvelles.

SCENE XII.

LA REINE *sort de sa retraite.*

OH! je suis suffoquée, jusqu'à mourir, de mon silence : il faut que je parle. (*Au Jardinier.*) Toi, vieillard établi pour soigner ces jardins, & qui me rappelles le vieux Adam, comment ta langue téméraire ose-t-elle redire ces fâcheuses nouvelles? Quelle Eve, quel serpent t'a séduit, pour t'exposer à mériter ta chûte & à renouveller sur ta tête la malédiction lancée sur le père des humains? Pourquoi, dis-tu, que le Roi Richard est déposé? Oses-tu, toi, qui n'es guères plus que cette vile poussière, présager sa chûte du trône? Dis-moi, où, quand, & comment ces nouvelles te sont-elles parvenues? Réponds-moi, misérable.

LE JARDINIER.

Madame, pardonnez; je n'ai guère de plaisir à répéter ces nouvelles; mais ce que je dis, est la vérité. Le Roi Richard est sous la main terrible de Bolingbroke. Leur fortune à tous deux sont pesées dans la balance. Du côté de votre époux, il n'y a que lui seul, & quelques frivolités qui le rendent encore plus léger. Mais du côté du grand Bolingbroke, sont avec lui tous les Pairs de l'Angleterre, & avec ce surpoids il emporte le Roi Richard. Faites-vous conduire à Londres, & vous y verrez la vérité de ce que je dis; je ne fais que répéter, ce que tout le monde sait.

LA REINE.

O adversité, dont le vol est si rapide, n'est-ce pas à moi qu'appartenoient les prémices de ton sinistre message?

Et je suis la dernière à en être informée ! Oh ! tu ne me sers que la dernière, parce que tu sais, que c'est moi qui dois conserver le plus long-tems dans mon sein ton trait douloureux. (*A ses femmes.*) Venez, mes amies ; allons trouver à Londres le Roi de Londres dans l'infortune. —O ciel ! suis-je née pour cette affreuse destinée, pour que ma tristesse & mon deuil rehaussent le triomphe du superbe Bolingbroke ! — Jardinier, pour m'avoir annoncé ces désastreuses nouvelles, je voudrois que les plantes que tu greffes, ne prospérassent jamais. (*Elle sort avec ses femmes*).

LE JARDINIER, *seul.*

Pauvre Reine ! S'il dépendoit de-là que tu fusses moins malheureuse, je voudrois que mon art fût soumis à ta malédiction. — Ici est tombée une de ses larmes ; je veux y planter une touffe de rue (* 10), en mémoire des pleurs d'une Reine infortunée.

(*Le Jardinier sort avec ses deux hommes*).

ACTE IV.

ACTE IV.

SCENE PREMIERE.

La Scène est à Londres, & repréfente un Parlement assemblé.

BOLINGBROKE ; AUMERLE, NORTHUMBERLAND, PERCY, FITZWATER, SURRY, L'ÉVÊQUE DE CARLILLE ; L'ABBÉ DE WESTMINSTER, UN HÉRAUT, DES OFFICIERS & BAGOT.

BOLINGBROKE.

Qu'on fasse avancer Bagot. — Allons, Bagot; parle librement, & dis ce que tu sais de la mort du noble Glocester. Quel homme en a tramé le complot avec le Roi? Quelle main s'est chargée d'exécuter cet ordre sanguinaire, & de trancher, avant le tems, le fil de ses jours?

RICHARD II.

BAGOT.

Faites paroître devant moi le Lord Aumerle.

BOLINGBROKE.

Cousin, avancez, & envisagez cet homme.

BAGOT.

Lord Aumerle, je vous connois assez de franchise & d'audace, pour dédaigner de désavouer, ce que votre bouche a une fois déclaré. — Dans ces tems affreux, où l'on complotta la mort de Glocester, je vous ai entendu dire : » mon bras n'est-il pas assez long pour atteindre du sein de la Cour d'Angleterre, à Calais, jusqu'à la tête de mon oncle «? Parmi plusieurs autres propos, que vous avez tenus dans ce tems-là même, je vous ai ouï-dire, que vous refuseriez l'offre de cent mille écus, plutôt que de consentir au retour de Bolingbroke ; ajoutant encore, que le plus grand bonheur de ce Royaume seroit sa mort.

AUMERLE.

Princes, & vous, illustres Lords, quelle réponse dois-je faire à cet homme de néant ? Faudra-t-il que je déshonore l'étoile illustre (†) de ma naissance, en des-

___

(†) *L'étoile de ma naissance.* L'erreur populaire assignoit

cendant jusqu'à lui, pour châtier son insolence ? Il le faut cependant, ou consentir à voir mon honneur flétri par l'accusation de sa bouche calomnieuse. (*Il jette son gage.*) Voilà mon gage. C'est pour toi le sceau de la mort, & il te marque pour l'enfer — Et je soutiendrai, que ce que tu viens d'avancer est faux, aux dépens de ton vil sang, qui n'étoit pas digne de ternir l'éclat de mon épée de Chevalier.

BOLINGBROKE.

Arrête, Bagot, je te défends de le relever.

AUMERLE.

Hors un seul homme, je voudrois que le plus illustre de cette assemblée m'eût fait cette insulte.

FITZWATER.

Si ta valeur tient si fort à l'égalité (†), voilà mon

---

de belles & brillantes étoiles aux riches & aux grands. *Sydera singulis attributa nobis, clara divitibus, minora pauperibus.* Pline, Hist. Nat. L. 1. C. 8.

(†) Le mot Anglois est *sympathie*, c'est-à-dire, *une affection commune à la fois à deux individus.* Cette communauté d'affection emporte la ressemblance ou l'égalité de naturel & de caractère, & le Poëte la transporte à l'égalité du rang, par une licence d'expression qui lui est ordinaire. *Johnson.*

gage, Aumerle, que j'oppofe au tien. Par ce pur foleil qui nous éclaire tous deux, je t'ai entendu dire, & tu t'en faifois gloire, que tu étois l'auteur de la mort du noble Glocefter. Si tu le nies, tu profères le plus grand des menfonges ; & avec le fer de cette épée (†), je ferai rentrer ton menfonge dans le cœur où il a été forgé.

AUMERLE.

Lâche, tu n'oferois vivre jufqu'au jour de ce combat.

FITZWATER.

Par mon ame ! je voudrois que ce fût à l'heure même.

AUMERLE.

Fitzwater, tu viens de dévouer ton ame à l'enfer.

PERCY.

Tu mens, Aumerle. Son honneur eft auffi pur dans ce défi, qu'il eft vrai que tu mens à la vérité, & je jette à tes pieds mon gage, prêt à te le prouver,

---

(*) *Rapier. Courte épée.* L'épée ordinaire s'appelloit *fword.* Shakefpéar s'écarte fouvent des mœurs du fiècle de fon fujet. On ne connut en Angleterre la *rapier* que deux fiècles après. *Johnfon.*

jusqu'au dernier souffle de ma vie mortelle. Relève-le, si tu l'oses.

AUMERLE.

Si je ne le relève pas, puisse ma main se gangrener & ne jamais lever le fer vengeur sur le casque brillant de mon ennemi !

UN AUTRE LORD.

Parjure Aumerle ! Et moi aussi, je défie ton courage, & je te provoque par autant de démentis que j'en pourrois entasser dans tes oreilles perfides, entre deux soleils. Voilà mon honneur engagé : mets-le à l'épreuve, si tu l'oses.

AUMERLE.

Qui de vous encore veut m'attaquer ? Par le ciel, je vous défierai tous : je n'ai qu'un cœur, mais il a vingt courages, pour faire face à vingt d'entre vous.

SURRY.

Lord Fitzwater, je me souviens très-bien encore du tems où vous vous entreteniez ensemble, Aumerle & vous.

FITZWATER.

Vous avez raison : vous étiez présent, & vous

pouvez me servir ici de témoin, que je dis la vérité.

SURRY.

Ce que vous dites, j'en jure par le ciel, est aussi faux, que le ciel est pur.

FITZWATER.

Surry, tu mens.

SURRY.

Gentilhomme sans honneur, ce démenti sera confié à mon épée, & tu sentiras son fer vengeur jusqu'à ce qu'il te laisse aussi immobile sous la terre, que l'est le crâne de ton père; & pour preuve, voilà mon gage jetté. Relève-le, & accepte le combat, si tu l'oses.

FITZWATER.

Insensé, quelle imprudence à toi d'irriter un lion déja furieux ! Comme j'ose manger, boire, respirer & vivre, j'oserai affronter Surry dans un désert, & lui rejetter au visage, dans des flots de mépris, son indigne mensonge; voilà ma parole engagée à te punir, comme tu le mérites. — Comme j'espère prospérer dans ce monde encore nouveau pour moi, Aumerle est coupable de ce que lui reproche mon loyal défi. De plus, j'ai encore ouï-dire à Norfolk banni, que c'eſt toi, Aumerle, qui as envoyé deux de tes gens pour aſſaſſiner le noble Duc à Calais.

AUMERLE.

Que quelque ame honnête me prête un gage, que je puiſſe jetter encore, pour prouver que Norfolk ment. En voici un que je jette (†), dans le cas où Norfolk ſeroit rappellé pour défendre ſon honneur.

BOLINGBROKE.

Tous ces défis reſteront en ſuſpens, juſqu'au retour de Norfolk : il ſera rappellé, & quoiqu'il ſoit mon ennemi, il ſera rétabli dans tous ſes biens & ſes domaines, & à ſon arrivée, nous le forcerons de juſtifier ſon honneur contre Aumerle.

CARLILLE.

Jamais on ne verra ce jour honorable. — Norfolk, qui depuis a été banni, a vingt fois combattu pour Jéſus-Chriſt. Long-tems il a porté, dans les champs glorieux des Chrétiens, l'étendard de la Croix contre les Maures, les Turcs & les Sarraſins. Fatigué de ſes travaux guerriers, il s'eſt retiré en

---

(†) Holingshed dit qu'il jetta à terre un *chaperon ou cappe*, qu'il emprunta.

Italie; & là, à Venife, il a rendu fon corps à la terre de ces belles contrées, & fon ame pure à Jéfus-Chrift, fon maître, après avoir milité tant d'années fous fes drapeaux.

BOLINGBROKE.

Quoi, Prélat? Norfolk eft mort?

CARLILLE.

Oui, comme il eft vrai que je vis.

BOLINGBROKE.

Qu'une heureufe paix conduife fon ame dans le fein du Patriarche Abraham!—Lords appellans, vos défis refteront fufpendus, jufqu'à ce que nous vous affignions les jours, où vous vuiderez cette querelle.

SCENE II.

Les mêmes; YORK *entre. Suite.*

YORK.

NOBLE Duc de Lancaftre, je viens vers vous de la part du malheureux Richard : ce Roi dépouillé vous adopte pour fon héritier, & cède volontairement fon

fceptre

sceptre illustre à vos royales mains. Montez sur le Trône où votre naissance vous appelle; &, vive Henri, le quatrieme du nom !

BOLINGBROKE.

Au nom du Dieu du Ciel, je vais monter sur le Trône royal.

CARLILLE.

Que Dieu vous en préserve ! — Ce que je vais oser dire en votre Auguste présence, pourra vous déplaire : mais le rôle qui me convient le mieux, est celui de la vérité. Si Dieu vouloit, qu'il y eût dans cette illustre assemblée un homme assez grand pour être le juge légitime du noble Richard, son élévation même & la vraie noblesse lui apprendroient à s'interdire une injustice aussi criminelle. Quel sujet peut prononcer la condamnation de son Roi; & qui de ceux, qui siégent ici, n'est pas sujet de Richard ! Les voleurs ne sont jamais condamnés, sans être appellés pour être entendus, quelqu'évidente que soit en eux l'apparence du crime ; & (†) l'image de la majesté de Dieu, son

---

(†) Voilà une autre preuve que ce n'est pas à la Cour du Roi Jacques, que le Poëte a puisé ses notions relevées sur le droit sacré des Rois ; le plus grand flatteur des Stuards n'auroit pu en parler en termes plus énergiques. — Il faut remarquer que

repréſentant ſur la terre, ſon auguſte Lieutenant, élu, couronné, conſacré, & poſſeſſeur du trône depuis tant d'années, ſera jugé par ſon Sujet, ſon inférieur, & cela, ſans même être préſent! O Dieu! ne permets pas, que dans un climat chrétien, des hommes civiliſés donnent au monde l'exemple d'un attentat ſi odieux & ſi criminel! Je parle à des Sujets, & c'eſt un Sujet qui parle, animé par l'inſpiration du ciel à prendre hardiment la défenſe de ſon Roi. Milord d'Hereford, qui eſt ici préſent, & que vous appellez Roi, eſt un traître au Roi légitime du ſuperbe d'Hereford. Si vous le couronnez, je vous prédis, que le ſang Anglois engraiſſera cette terre, & que les générations futures ſeront punies pour cet inſigne forfait. La paix ira établir ſon doux empire chez les Turcs & les Infidèles; & dans cette Iſle, ſon ſéjour naturel, la guerre armera les familles contre les familles, les parens contre les parens. Le tumulte, le déſordre, les horreurs, les alarmes & la révolte habiteront dans ce Royaume, & cette terre blanchie des oſſemens entaſſés de ſes habitans, ſera nommée

---

l'intention du Poëte eſt de repréſenter par-tout cet Evêque comme un caractère vénérable, plein de courage & de piété. *Johnſon.*

Le Poëte, dit Steevens, a peint cet Evêque tel qu'il l'a trouvé dans Holingshed. La politique de l'Hiſtorien eſt celle du Poëte

le champ du sang. Oh! si vous élevez cette Maison Royale contre cette Maison Royale, vous ouvrez une source à la division la plus fatale, qui jamais ait désolé cette terre maudite. Prévenez ce malheur : opposez-vous à cette injustice; que jamais elle ne s'accomplisse, si vous ne voulez pas, que les enfans de vos enfans crient contre vous : *Malédiction sur nos pères !*

NORTHUMBERLAND.

Vous avez parlé à merveille; & pour salaire de votre éloquence, nous vous arrêtons ici, comme coupable de haute trahison. — Lord de Westminster, chargez-vous de veiller sur sa personne, jusqu'au jour de son procès. — Vous plaît-il, Lords, d'accorder aux Communes leur requête?

BOLINGBROKE.

Qu'on introduise ici Richard; afin qu'il abdique publiquement : alors nous aurons procédé dans les formes, & nous serons à l'abri de tout reproche.

YORK.

Je vais me charger de l'amener. (*Il sort.*)

BOLINGBROKE.

Vous, Lords, qui êtes ici arrêtés de notre autorité, donnez vos cautions, de vous représenter au jour où vous serez sommés de répondre. (*A Carlille.*) Nous devons peu à votre affection pour nous, & nous comptions peu aussi sur votre appui.

SCENE III.

Les mêmes; YORK *revient avec* RICHARD.

RICHARD.

Hélas, pourquoi faut-il que je paroisse devant un Roi, avant que j'aie pu encore me dépouiller des sentimens d'un Roi, & perdu la fierté d'un trône où j'ai long-tems régné! Je n'ai pu si-tôt apprendre à flatter, à supplier, à fléchir le genou (†). Donnez à mon chagrin le tems de me familiariser avec cet abaissement. (*Promenant ses yeux sur l'Assemblée.*) Cependant je me rappelle bien encore les traits de ces personnages.... Ne furent-ils pas mes Sujets? Ne

---

(†) Après cette ligne, tout ce qui suit, presque jusqu'à la fin de l'Acte, a été ajouté dans l'Edition de 1608. Après la première de 1598, il est très-probable que le Poëte a retouché cette Pièce. Son intention a été de faire, de la déposition de Richard, une scène touchante. Une partie des additions sont bien placées : il y a quelques couplets qui ne valent pas les autres. *Johnson.*

m'ont-ils pas dit plusieurs fois : *hommage & respect au Roi ?* C'est ainsi que Judas salua Jésus-Christ : mais lui, dans douze Disciples, n'en trouva qu'un de perfide ; & moi, dans douze mille Sujets, je ne trouve pas un seul ami (*). Pour quel objet m'amène-t-on ici ?

YORK.

Pour accomplir votre libre volonté ; pour exécuter l'offre que Votre Majesté, fatiguée du trône, a faite elle-même ; la cession de votre grandeur & de votre Couronne, à Henri Bolingbroke.

RICHARD.

Donnez-moi la Couronne. — Tenez, cousin ; saisissez-la. Ma main la tient de ce côté ; vous, que votre main la prenne de l'autre (*2). — Maintenant écoutez, & voyez-moi me dépouiller moi-même. Je décharge ma tête du poids de cette lourde Couronne, & mon bras du fardeau de ce sceptre : j'arrache de mon cœur l'orgueil des Rois & le doux plaisir de commander ; j'efface, avec mes larmes, le sacré caractère que m'imprima l'onction sainte ; je rejette ma Couronne de ma propre main ; j'abjure, de ma propre bouche, ma grandeur sacrée, & ma voix délie tous mes Sujets de leurs sermens : je renonce à la pompe & à la Majesté Royale ; je rétracte tous mes actes de Souveraineté, tous mes décrets, toutes mes loix. Que Dieu pardonne tous les fermens qui m'ont été jurés & qui sont violés ! (*A Bolingbroke.*) Que Dieu conserve inviolables tous les fermens qui sont faits pour toi ! Qu'il m'ôte tout regret à moi, qui ne possède plus rien ; & qu'il te contente en tout, toi qui possèdes tout. Puisses-tu vivre long-tems assis sur le trône de Richard ; puisse Richard descendre bientôt dans l'abîme du tombeau ! Dieu conserve le Roi Henri ! C'est le vœu du feu Roi Richard. Que reste-t-il de plus ?

NORTHUMBERLAND, *lui présentant un écrit.*

Plus rien, que de lire vous-même ces accusations, ces crimes odieux commis par vous & par vos Ministres, contre les loix & les intérêts de ce Royaume ; afin que, d'après vos aveux, le peuple soit convaincu, que vous êtes justement déposé.

RICHARD.

Suis-je réduit à cette humiliation ? Et faut-il que je développe ici la chaîne de mes égaremens ? Ah, Northumberland ! si tes outrages étoient consignés dans un registre, ne ferois-tu pas honteux d'en faire la lecture devant cette Assemblée ? Si tu la faisois, tu y trouverois un article bien odieux.....

La dépofition d'un Roi, & la rupture violente des liens facrés d'un ferment.... Tu t'y verrois noté en noir, & condamné d'avance dans le livre du ciel. — Et vous tous, qui m'environnez, & dont les regards fixés fur moi jouiffent du fpectacle de ma misère extrême (quoique quelques-uns de vous, comme Pilate, en lavent leurs mains, & affectent de montrer une pitié extérieure), vous êtes des Juges perfides, qui m'avez ici chargé de ma douloureufe croix : non ; jamais vos mains ne pourront fe laver de votre crime.

NORTHUMBERLAND.

Seigneur, plus de délai : lifez ces articles.

RICHARD, *prenant l'écrit pour le lire.*

Mes yeux font pleins de larmes ; je ne peux voir : & cependant mes larmes ne les aveuglent pas tant, que je ne voie bien encore une troupe de traîtres autour de moi. Et, moi-même, fi je tourne mes regards fur moi, j'y vois auffi un traître ; car j'ai donné ici le confentement de ma volonté, pour dépouiller ma perfonne de la pompe Royale, changer la grandeur en baffeffe, le Souverain en efclave, la Majefté en fervitude, un Monarque en Plébeïen obfcur.

NORTHUMBERLAND, *d'un ton dur.*

Seigneur ! —

RICHARD, *l'interrompant.*

Je ne fuis plus le tien, homme infolent & hautain, ni celui d'aucun homme fur la terre : je n'ai plus de nom ni de titre, non pas même celui qui me fut donné fur les fonds baptifmaux (†) (*3). Il eft ufurpé. O que je fuffe un vain phantôme de Roi, qu'un fouffle du puiffant Bolingbroke pût anéantir (* 3)! Si ma parole conferve encore quelque valeur en Angleterre, qu'à mon ordre on m'apporte fur-le-champ un miroir, afin qu'il me montre quel air a mon vifage, depuis qu'il a perdu la Majefté d'un Roi.

BOLINGBROKE.

Allez, quelqu'un ; qu'on apporte un miroir.

NORTHUMBERLAND.

En attendant, lifez cet écrit.

(†) On ne voit pas comment le nom qu'il avoit reçu au Baptême pouvoit être un nom ufurpé. Peut-être que Shakefpéar a voulu feulement montrer par-là, que l'imagination de l'homme, quand elle s'arrête long-tems fur l'idée de fes malheurs, les repréfente plus grands qu'ils ne font en effet, & s'en forge d'imaginaires.

RICHARD.

RICHARD.

Furie, tu me tourmentes, & tu anticipes sur mon enfer.

BOLINGBROKE.

Lord Northumberland, n'infiſtez plus.

NORTHUMBERLAND.

Sans cette forme, les Communes ne ſeront pas ſatisfaites.

RICHARD.

Elles le feront. J'en lirai aſſez dans le livre vivant où mes fautes ſont tracées ; ce livre, c'eſt moi-même. (*On apporte un miroir.*) Donnez-moi ce miroir ; c'eſt-là que je veux lire. (*Il ſe regarde.*) Quoi ! ces rides ne ſont pas plus creuſées ? Quoi ! la douleur a frappé tant de coups ſur ce viſage, & n'y a pas fait des plaies plus profondes ? — O miroir, tu me flattes, comme mes Courtiſans me flattoient dans le tems de ma proſpérité ; tu me trompes ! — Eſt-ce-là ce front dont la majeſté tenoit chaque jour, ſous les lambris de ſes palais, plus de dix mille Sujets attentifs à ſes ordres ; & qui, comme le ſoleil, bleſſoit de ſon éclat la vue de ceux qui le contemploient (*4) ? — Je ne vous demanderai plus qu'une grace ; & après je me retire ; je ne vous importunerai plus : l'obtiendrai-je ?

BOLINGBROKE.

Nommez-la, aimable cousin.

RICHARD.

Aimable cousin ! Hé quoi, je suis plus grand qu'un Roi : car lorsque j'étois Roi, je n'étois flatté que par des Sujets ; & maintenant, que je ne suis plus qu'un Sujet, j'ai ici un Roi pour flatteur. Puisque je suis si grand, je n'ai pas besoin de demander de grace.

BOLINGBROKE.

Demandez néanmoins.

RICHARD.

Et l'obtiendrai-je ?

BOLINGBROKE.

Vous l'obtiendrez.

RICHARD.

Eh bien, donnez-moi la liberté de m'en aller.

BOLINGBROKE.

Où ?

RICHARD.

Par-tout où tu voudras, pourvu que je sois loin de ta vue.

BOLINGBROKE.

Allez, quelqu'un: conduifez-le à la tour (*5).
A Mercredi prochain, nous fixons le jour de notre
Couronnement. Lords, préparez-vous pour cette
cérémonie. (*Il fort avec plufieurs Lords.*)

SCENE IV.

L'ABBÉ DE WESTMINSTER, L'ÉVÊ-QUE DE CARLILLE, AUMERLE, *qui font reflés.*

L'ABBÉ DE WESTMINSTER.

Nous avons vu là une fcène de malheur.

L'ÉVEQUE DE CARLILLE.

Les malheurs font à venir. Les enfans qui ne
font pas encore nés, expieront ce jour par de cruelles
douleurs (†).

(†) Cette menace poétique prouve, que l'intention du Poëte étoit de faire défapprouver, à fes Auditeurs, la dépofition de Richard. *Johnfon.*

(†) *Efcamoteurs*: *convey* fignifie quelquefois, *enlever furtivement*, & s'applique fur-tout aux tours d'efcamotage des joueurs de gobelets. *Johnfon.*

T ij

AUMERLE.

Vous, Miniſtres ſacrés des Autels, n'eſt-il point de moyen de garantir le Royaume de cette ignominie?

L'ABBÉ.

Avant que mon ame s'explique, j'exige de vous le ferment d'enſévelir, au fond de la vôtre, mes deſſeins, & de plus, d'exécuter tout ce qu'il m'arrivera de régler. — Je vois que vos viſages ſont chargés de mécontentement, vos cœurs de chagrins, & vos yeux de larmes. Venez ce ſoir chez moi, & je vous ferai part d'un projet qui vous ramenera à tous un jour de bonheur & de joie. (*Ils ſortent.*)

ACTE V.

SCENE PREMIÈRE.

Le Théâtre repréfente une rue de Londres.

LA REINE, & *fes Femmes.*

LA REINE.

C'est par cette rue que le Roi va paffer : voilà le chemin qui conduit à cette tour, que Jules-Céfar (†) fit bâtir pour mon malheur. C'eft dans fon enceinte de pierres, que mon époux condamné, eft envoyé prifonnier par l'orgueilleux Bolingbroke!—Repofons-nous ici ; fi cette terre rebelle a encore un afyle où puiffe fe repofer la Reine de fon légitime Souverain !

(†) C'eft une opinion reçue à Londres, que la tour de cette Ville a été bâtie par Jules-Céfar. *Johnfon.*

SCENE II.

Les mêmes ; LE ROI RICHARD *paroit conduit par des Gardes.*

LA REINE.

MAIS, arrêtons: ah ! que je voie...... ou plutôt ne voyons pas...... Et cependant regardons. —Confidère-le, épouse infortunée, afin que la pitié te pénètre toute entière, & que tu l'inondes des larmes du tendre & fidèle amour. — O toi, ruines (*) de la grandeur renversée, (*Elle avance vers le Roi*) table rase où brilla toute la majesté des Monarques, tu n'es plus le Roi Richard, tu n'es plus que son tombeau. Bel ange, pourquoi faut-il que le chagrin au front livide se loge dans ton sein, tandis que la joie triomphante va briller dans les traits de ton hideux rival ?

LE ROI.

Belle femme (†), ne te ligue pas avec ma dou-

___

(†) Ce que Richard dit ici à la Reine est très-touchant. Cette courte sentence nous fait oublier qu'il est Roi, pour nous souvenir seulement qu'il est homme ; & la tendresse de cette

leur contre moi , fi tu ne veux avancer rapidement ma mort. Apprends, ma bien-aimée , à ne plus voir notre ancienne fortune , que comme un fonge agréable , dont il ne refte, à notre réveil, d'autre réalité que l'état où nous fommes. J'ai juré, ma chère, d'être l'amant de l'affreufe néceffité; elle & moi , nous avons fait enfemble le pacte de vivre en paix jufqu'à la mort.—Retire-toi en France, & va t'enfévelir dans quelque afyle religieux. Il faut qu'une vie pieufe & fainte nous gagne , dans un monde nouveau, la Couronne, que l'abus de nos jours nous a fait perdre dans celui-ci.

LA REINE.

Quoi? l'ame de mon cher Richard eft-elle donc affoiblie & défigurée comme fa perfonne & fon vifage ? Bolingbroke a-t-il auffi dépofé ta raifon ? A-t-il auffi ufurpé ton cœur ? Le lion mourant s'agite encore, & de fon pied déchire, au défaut de fon ennemi, le fein de la terre; furieux de fe voir dompté. Et toi , fubiras-tu la peine fans réfiftance ? Comme un enfant qu'on châtie , baiferas-tu la verge qui te frappe ? Et careffèras-tu avec une

___

expreffion , *belle femme* , augmente nos regrets de leur féparation douloureufe. *Miftrifs Griffith.*

basse humilité la main furieuse qui t'opprime, toi, qui étois un lion, & le Roi de bêtes féroces?

LE ROI.

Oui, Roi de bêtes féroces! Autrement je régnerois encore, si j'avois eu des hommes pour Sujets. — Ma bien-aimée, jadis Reine, prépare-toi à partir pour la France. Suppose que je ne vis plus, & qu'ici, dans cet instant, tu reçois de moi, comme de mon lit de mort, mon dernier adieu. Dans les longues & ennuyeuses soirées de l'hiver, assise auprès d'un foyer, avec quelques bons vieillards, fais-toi raconter les histoires des tems passés & des siècles malheureux; & avant de vous séparer, prends ta revanche avec eux, fais-leur le récit de ma lamentable chûte, & renvoie-les, fondans en pleurs, à leurs lits (*2).

SCENE III.

SCENE III.

Les mêmes; NORTHUMBERLAND, *suivi d'une escorte.*

NORTHUMBERLAND.

Seigneur, les intentions de Bolingbroke font changées; c'est à Pomfret, & non à la tour, qu'il faut vous rendre. — Et vous, Madame, je suis aussi chargé d'ordres pour vous. Il vous est enjoint de partir sans délai, & de vous retirer en France.

RICHARD.

Northumberland, toi, l'échelle avec laquelle (†) l'ambitieux Bolingbroke est monté sur mon trône, il ne s'écoulera pas de longs jours avant que ce crime, qui fleurit aujourd'hui, ne mûrisse & n'enfante sa vengeance. Tu penseras un jour, quand Bolingbroke partageroit son Royaume, & t'en donneroit la moitié, que c'est trop peu te payer le service de le lui avoir procuré tout entier : & lui,

---

(†) Belle morale, sur l'amitié & les liaisons des méchans.

il pensera que toi, qui connois le moyen de faire des Rois illégitimes, tu sauras aussi, au plus léger mécontentement, d'autres moyens de le précipiter de son trône usurpé. L'amitié des amis pervers se change en défiance, la défiance en haine, & la haine conduit l'un, ou tous les deux ensemble, à des périls & à une mort mérités.

NORTHUMBERLAND.

Soit : que mon crime retombe sur ma tête, & que tout finisse-là. Faites-vous vos adieux, & séparez-vous. Il le faut sur l'heure.

RICHARD.

Double divorce qu'il me faut subir ! Hommes méchans, vous violez à la fois deux unions sacrées ; d'abord entre ma Couronne & moi, & encore entre moi & l'épouse que j'avois choisie. (*A la Reine.*) Allons, qu'un baiser anéantisse la foi jurée entre nous deux. (*Il l'embrasse.*) Hélas ! ce fut un baiser qui la scella entre nous. — Sépare-nous, Northumberland ; moi, pour aller vers le Nord, où le froid glaçant & les infirmités attristent le climat ; & mon épouse, pour aller en France. Elle en est venue, dans la pompe la plus brillante, & parée comme un beau jour du printems ; elle y re-

RICHARD II.

tournera triste & désolée, comme (†) le plus sombre des jours de Décembre.

LA REINE.

Eh quoi! faut-il qu'on nous arrache l'un à l'autre? Faut-il que nous nous séparions?

RICHARD.

Oui, ma bien-aimée; ta main, de la mienne, & ton cœur, de mon cœur.

LA REINE.

Bannissez - nous tous deux; mais bannissez-nous ensemble (* 2).

NORTHUMBERLAND.

L'amour peut le désirer, mais la politique le défend.

RICHARD.

Il vaut mieux être tout-à-fait loin l'un de l'autre, que d'être tout près, sans jamais se réunir (* 3). Allons, qu'un dernier baiser nous ferme la bouche,

___

(†) Le mot Anglois est : *Hallowmas : all Hallow*, *all Hallown-tide*, est le jour de la Toussaint, le premier Novembre. *Steevens.*

& féparons-nous en filence. (*Ils s'embraſſent.*) Dans ce baifer je te donne mon cœur, & je prends le tien.

LA REINE.

(*4) Rends-moi le mien. Je garderois mal le tien ; je le ferois mourir de douleur. (*Elle l'embraſſe encore une fois.*) Dans ce baifer j'ai repris le mien : adieu. Oh! je voudrois qu'il fe rompît dans ce foupir.

RICHARD.

Nous aigriſſons nos maux par ces délais de notre amour. Encore une fois, adieu : que ma douleur te dife le refte. (*Ils fortent.*)

SCENE IV.

Le Théatre repréſente le Palais du Duc d'York.

YORK & LA DUCHESSE.

LA DUCHESSE.

Milord, vous m'aviez promis de m'achever l'hiſtoire de l'entrée de nos deux couſins dans Londres, lorsque l'abondance de vos larmes vous força d'interrompre votre récit.

YORK.

Où en suis-je resté ?

LA DUCHESSE.

A ce triste moment, que vous n'avez pu franchir ; lorsque des mains féroces & sacriléges, jettoient, du haut des fenêtres, de la poussière & de la fange sur la tête du Roi Richard.

YORK.

Alors, comme je vous l'ai dit, le Duc, le superbe Bolingbroke, monté sur un coursier fougueux & fier, qui sembloit sentir l'orgueil ambitieux de son maître, s'avançoit à pas lents & majestueux, tandis que toutes les voix crioient : *Dieu te garde, Bolingbroke.* Vous auriez cru que les fenêtres parloient, tant étoit pressée, à tout étage, la foule de visages de tout âge, jeunes & vieux, qui lançoient à travers les fenêtres leurs avides regards sur le visage de Bolingbroke ; & que toutes les murailles, comme une toile chargée de personnages entassés, crioient à la fois ; *que le Seigneur te béniffe ! Salut, Bolingbroke.* Et lui, la tête découverte & abaissée plus bas que le cou de sa fière monture, ne cessoit de leur répéter : *Je vous remercie, mes compatriotes.*

Et répétant le même remerciment à chaque pas, il continuoit ainsi sa marche.

LA DUCHESSE.

Hélas ! & le malheureux Richard, que faisoit-il alors ?

YORK.

Comme dans un théatre (†), lorsqu'un Acteur chéri du Public vient de quitter la scène, les yeux des Spectateurs se portent négligemment sur celui qui lui succède, dans l'idée que son vain rôle n'apporte que de l'ennui; ainsi, & avec plus de mépris encore, les yeux du peuple s'arrêtoient, comme à regret, sur Richard. Pas un seul n'a crié : *Dieu le sauve.* Pas une voix consolante n'a salué son entrée; mais la poussière tomboit à flots sur sa tête sacrée : lui, tranquille, la secouoit avec une douce résignation. Ses pleurs & son sourire se mêloient sur son visage, & attestoient, à-la-fois, sa douleur & sa patience (¶); spectacle si touchant,

___

(†) C'est ici une comparaison très-juste, & on voit que le Poëte, qui étoit Comédien, l'avoit apprise par sa propre expérience. *Johnson.*

(¶) Cette extrême patience n'étoit pas tout-à-fait dans le caractère de Richard. Si Shakespéar eût survécu à Charles Premier, on croiroit que ce seroit lui qu'il avoit en vue; lui,

RICHARD II. 159

que fi Dieu, pour quelque grand deffein, n'avoit pas changé en fer les cœurs du peuple, ils auroient été forcés de s'attendrir; & la barbarie elle-même, eût fenti la pitié pour lui. Mais la main du ciel eft vifible dans ces événemens, & nous foumettons à fa volonté fuprême nos cœurs réfignés & fatisfaits. Notre foi de Sujet eft maintenant jurée à Bolingbroke, & je me dévone, pour toujours, à défendre fon honneur & fa gloire.

SCENE V.

Les mêmes ; AUMERLE.

LA DUCHESSE.

Voici mon fils Aumerle, qui vient à nous.

YORK.

Il fut Aumerle jadis : mais il a perdu ce titre

---

qui lorfqu'un foldat lui cracha au vifage, l'effuya tranquillement avec fon mouchoir, fans autre figne de reffentiment contre cet outrage barbare. Ce foldat féroce ne refta pas impuni. Il fut mis à mort, dans le cimetière de Saint-Paul, quelques années après, pour avoir cherché à faire révolter l'armée. *Gray.*

pour s'être montré l'ami de Richard (†) ; & il faut désormais, Madame, que vous l'appelliez Rutland. Je suis caution, devant le Parlement, de sa fidélité, & de son solide attachement au nouveau Roi.

LA DUCHESSE.

Sois le bien-venu, mon fils. Quelles sont les tiges qui fleurissent & s'élèvent sur le sein verdoyant de ce nouveau printems ?

AUMERLE.

Madame, je l'ignore, & ne m'en embarrasse guère. Dieu sait que j'aimerois mieux ne pas être, que d'en être une.

YORK.

Fort bien : conduisez-vous toujours avec prudence dans cette saison nouvelle, de peur d'être moissonné avant la fleur de vos ans. Quelles nouvelles d'Oxford ? Les joûtes & les fêtes continuent-elles ?

AUMERLE.

Oui, Milord, suivant ce que j'en ai ouï-dire.

___

(†) Les Ducs d'Aumerle, de Surry & d'Exeter, furent, par un premier Parlement de Henri, dépouillés de leurs Duchés. On leur permit de conserver les Comtés de Rutland, de Kent & de Huntingdon. *Steevens.*

YORK.

YORK.

Vous y ferez, mon fils; voilà ce que je fais, moi.

AUMERLE.

Si Dieu ne s'y oppofe, c'eft bien mon deffein.

YORK, *appercevant un écrit enfermé dans fon fein.*

Quel eft ce papier cacheté que je vois fufpendu fur votre fein? Quoi, vous paliffez! Faites-moi voir cet écrit.

AUMERLE, *troublé.*

Milord, ce n'eft rien....

YORK.

En ce cas, n'importe qui le voie. Je veux être fatisfait. Voyons cet écrit.

AUMERLE.

Je conjure votre Grace de m'excufer. C'eft un écrit de peu d'importance, que j'ai quelque raifon de tenir caché.

YORK.

Et moi, jeune homme, j'ai auffi des raifons de prétendre le voir. Je foupçonne, je foupçonne......

LA DUCHESSE.

Hé que voulez-vous soupçonner ? C'est sans doute quelque engagement qu'il a contracté pour sa parure, le jour du Couronnement.

YORK.

Quoi, un engagement avec soi-même ? Quel engagement que celui dont on est porteur ? Femme, vous êtes folle. — Jeune homme, fais-moi voir cet écrit.

AUMERLE.

Je vous en conjure, excusez-moi ! Je ne puis le montrer.

YORK.

Je veux être obéi : je veux le voir, te dis-je. *Il lui arrache l'écrit & le lit.*) Trahison ! Trahison infâme ! — Lâche ! traître ! misérable !

LA DUCHESSE.

Et qu'y a-t-il, Milord ?

YORK.

Hola : quelqu'un ici ? Qu'on prépare mes chevaux ! — Que le ciel le (†) protège ! — Quelle trahison je découvre ici !

___

(†) Bolingbroke.

LA DUCHESSE.

Comment; quelle est-elle, Milord?

YORK.

Donnez-moi mes éperons, vous dis-je. Qu'on m'amène mon cheval. — Oui, sur mon honneur, sur ma vie, je veux dénoncer le scélérat!

LA DUCHESSE.

Mais, quel sujet....

YORK.

Taisez-vous, femme insensée.

LA DUCHESSE.

Je ne me tairai point. — De quoi s'agit-il, mon fils?

AUMERLE.

Calmez-vous, ma tendre mère ; de rien, dont ne puisse répondre ma chetive vie.

LA DUCHESSE.

Ta vie en répondre! (*Entre un valet apportant des bottes & des éperons.*)

YORK.

Apporte vîte : je veux aller trouver le Roi.

RICHARD II.

LA DUCHESSE.

Aumerle, repousse ce misérable. — Pauvre enfant, tu es tout consterné! (*Au valet.*) Loin d'ici, malheureux; ne reparois jamais en ma présence.

YORK.

Apporte donc, te dis-je.

LA DUCHESSE.

Quoi donc, York, que prétendez-vous faire? Quoi! vous ne cacherez pas la faute de votre fils? Avons-nous d'autres enfans? Pouvons-nous en espérer d'autres? Le tems n'a-t-il pas épuisé la fécondité de mon sein? Et vous voulez enlever à ma vieillesse mon fils unique, & me dépouiller de l'heureux titre de mère (11)! Ne vous ressemble-t-il pas, n'est-il pas votre fils?

YORK.

Femme extravagante, veux-tu donc celer une noire conspiration? Douze traîtres ont ici juré, & signé réciproquement de leur main, d'assassiner le Roi à Oxford!

LA DUCHESSE.

Il ne sera jamais du complot : nous le garderons ici ; & alors, que lui importe cette conspiration?

YORK.

Laissez-moi, femme inconsidérée : fût-il vingt fois mon fils, je le dénoncerois.

LA DUCHESSE.

Ah! s'il vous avoit coûté les douleurs qu'il m'a coûtées, vous feriez plus pitoyable. Mais je lis maintenant dans votre ame : vous me soupçonnez d'avoir été infidelle à votre couche ; vous doutez qu'il soit votre fils légitime. Ah, cher York, cher époux, bannissez ce soupçon ; il vous ressemble autant qu'homme peut ressembler à son père. Il n'a aucun de mes traits, ni de ceux de ma famille ; & cependant, moi, je l'aime tendrement.

YORK.

Otez-vous de mon chemin, femme aveugle. (*Il s'arrache de ses mains, & sort brusquement.*)

LA DUCHESSE.

Vole après lui, Aumerle; monte son cheval : presse ses flancs, arrive avant ton père auprès du Roi, & implore ta grace avant qu'il t'accuse. Je ne tarderai pas à te suivre. Malgré l'âge, je ne doute pas que je n'atteigne York ; & prosternée sur le pavé, je ne me releverai qu'après que Bolingbroke t'aura pardonné. Partons. (*Ils sortent.*)

SCENE VI.

Le Théatre repréfente la Cour au château de Windfor.

BOLINGBROKE, PERCY, & autres Lords.

BOLINGBROKE.

Personne ne peut-il me donner des nouvelles de mon fils? Il y a trois mois entiers que je ne l'ai vu. S'il eft quelque fléau dont le ciel me menace, ce fléau, c'eft lui. Je voudrois pour tout au monde, chers Lords, qu'on pût le découvrir. Faites des recherches dans Londres ; vifitez les tavernes : car c'eft là, dit-on, qu'il hante journellement, avec des compagnons fans mœurs & perdus de débauche ; & même, on dit, qu'ils vont jufqu'à fe cacher dans des rues étroites, qu'ils battent notre garde, & qu'ils volent les paffans ! Et lui, jeune infenfé, emporté par la fougue de l'âge & des paffions, il fe fait honneur de foutenir cette troupe (†) de débauchés !

___

(†) C'eft ici un pronoftic adroit du caractère futur de Henri V. Débauché dans fa jeuneffe, & grand Roi fur le trône. *Johnfon.*

PERCY.

Seigneur, il n'y a guère que deux jours que j'ai vu le Prince, & je lui ai parlé des tournois qui se donnent à Oxford.

BOLINGBROKE.

Eh! qu'à répondu ce jeune écervelé?

PERCY.

Sa réponse fut, qu'il voudroit être dans l'arène; qu'il arracheroit à la plus vile créature son gand, qu'il le porteroit comme une faveur, & qu'avec ce gage, il voudroit désarçonner le plus robuste aggresseur.

BOLINGBROKE.

C'est un jeune homme perdu de débauches & désespéré; & cependant, au travers des ses vices, j'entrevois quelques étincelles d'espérance, qu'un âge plus mûr pourra peut-être développer heureusement. Mais qui vois-je accourir à nous?

SCENE VII.

Les mêmes ; AUMERLE.

AUMERLE, *pâle & troublé.*

Ou eſt le Roi ?

BOLINGBROKE.

Que veut notre couſin ? Qu'annonce ce trouble peint dans ſes yeux égarés ?

AUMERLE.

Que Dieu garde Votre Majeſté ! Daignez, je vous en ſupplie, m'accorder un moment d'entretien, ſeul avec vous.

BOLINGBROKE, *aux Lords.*

Retirez-vous, & laiſſez-nous ſeuls. (*Les Lords ſe retirent.*) De quoi s'agit-il maintenant, cher couſin ?

AUMERLE, *ſe jettant à ſes pieds.*

Que mes genoux reſtent attachés à la terre, & ma langue à mon palais, ſi vous ne me pardonnez avant que je me relève, ou que je parle !

BOLINGBROKE.

BOLINGBROKE.

La faute est-elle commise, ou n'est-elle que dans l'intention ? Si elle n'est pas consommée, quelqu'odieuse qu'elle soit, pour gagner ton amitié dans l'avenir, je te pardonne.

AUMERLE.

Permettez-moi donc de fermer les verroux, que personne n'entre jusqu'à ce que je vous aie tout révélé.

BOLINGBROKE.

J'y consens.

YORK, *en dehors de la porte.*

Soyez sur vos gardes, mon Souverain. Veillez sur vous. Vous avez un traître devant vous.

BOLINGBROKE, *effrayé & tirant son épée.*

Scélérat, je vais m'assûrer de toi.

AUMERLE.

Retenez votre main vengeresse, vous n'avez aucun sujet de craindre.

YORK.

Ouvrez les portes : prenez garde, Roi téméraire & insensé. Ne pourrai-je, au nom de mon atta-

chement pour vous, vous parler de trahison en face ?
Ouvrez les portes, ou je vais les briser.

SCENE VIII.

Les mêmes ; le Roi ouvre la porte. YORK *entre.*

BOLINGBROKE.

Qu'y-a-t-il, cher oncle ? Parlez. Reprenez haleine : dites-nous, si le danger presse, s'il faut nous armer, pour le repousser.

YORK, *lui donnant l'écrit.*

Parcourez cet écrit, & vous connoîtrez la trahison, que la fatigue de ma course m'empêche de vous révéler de vive voix.

AUMERLE.

Souvenez-vous, en lisant, de votre parole donnée. Je suis repentant. Ne voyez plus mon nom dans cette liste : mon cœur n'est point complice de ma main.

YORK.

Traître, il l'étoit, avant que ta main l'ait signé.

— Roi, je l'ai arraché de son sein. C'est la crainte & non l'amour qui produit son repentir. Oubliez votre pitié pour lui, de crainte que votre pitié ne conserve un serpent qui vous percera le sein.

BOLINGBROKE.

O conspiration odieuse & profonde ! Quelle audace ! O loyal père d'un fils perfide ! Source pure, d'où découla ce ruisseau qui s'est souillé lui-même dans son cours. York, tes vertus se sont perverties en lui ; mais ton rare mérite doit faire absoudre cette faute énorme de ton fils égaré.

YORK.

Ainsi, ma vertu sera prostituée à ses vices ; il dépensera mon honneur à réparer sa honte, comme ces fils prodigues qui dépensent l'or laborieusement amassé par leurs pères. Non, mon honneur ne peut vivre que par la mort d'un fils qui me déshonore, ou mes jours vont s'écouler dans l'infamie. En faisant grace au fils, vous égorgez le père : vous conservez le traître, & vous immolez le Sujet fidèle !

LA DUCHESSE *arrive, & de la porte en dehors.*

De grace, mon Souverain, au nom du ciel, laissez-moi entrer.

BOLINGBROKE.

Quelle est cette voix grêle & suppliante, qui pousse ces cris?

LA DUCHESSE.

Une femme, votre tante, grand Roi. C'est moi; daignez m'entendre; ayez pitié de moi; daignez m'ouvrir les portes. Je vous demande une grace, moi, qui n'en demandai jamais!

BOLINGBROKE (*5), à *Aumerle.*

Mon dangereux cousin, faites entrer votre mère: je sais qu'elle vient intercéder pour votre crime affreux.

YORK.

Si vous lui pardonnez, si vous cédez à quelque prière que ce soit, votre clémence pourra bien encourager & multiplier les crimes. Retranchez ce membre corrompu, & tous les autres restent sains. Si vous l'épargnez, il corrompra tout le reste.

SCENE IX.

Les mêmes ; LA DUCHESSE *entre.*

LA DUCHESSE.

O Roi, ne crois pas cet homme au cœur dur : l'homme, qui ne s'aime pas lui-même, ne peut aimer perfonne.

YORK.

Femme frénétique, qu'avez-vous à faire ici ; votre fein flétri veut-il encore nourrir un traître ?

LA DUCHESSE.

Bon York, calmez-vous. Mon gracieux Souverain, daignez m'entendre. (*Elle fe jette à fes pieds.*)

BOLINGBROKE.

Levez-vous, ma refpectable tante.

LA DUCHESSE.

Non, pas encore, je vous en conjure. Je refterai profternée fur mes genoux, & jamais je ne reverrai de jours heureux, que vous ne m'ayez rendu la joie & le bonheur, en pardonnant à Rutland, à mon coupable enfant.

AUMERLE, *se jettant aussi à genoux.*

Prosterné à vos pieds, je joins ma prière à celle de ma mère.

YORK, *se mettant aussi à genoux.*

Et moi, je m'y jette aussi ; mais pour prier contre tous les deux : vous pourrez vous en repentir, si vous accordez aucune grace.

LA DUCHESSE.

Ah ! croyez-vous qu'il parle sérieusement ? Voyez son visage. Ses yeux ne versent aucunes larmes, sa prière n'est qu'un jeu, ses paroles ne sont qu'un vain son de sa bouche : les nôtres viennent du cœur. Il ne vous prie que foiblement, & désire qu'on le refuse : mais nous, nous vous prions du cœur, de toute notre ame, de toutes nos forces. Ses genoux fatigués se leveroient avec joie, je le sais ; & les nôtres resteront dans cette posture, jusqu'à ce qu'ils s'unissent à la terre. Ses prières ne sont que mensonge & hypocrisie. Les nôtres sont ardentes & vraies. Qu'elles l'emportent donc sur les siennes, & qu'elles obtiennent la grace que méritent des prières ferventes & sincères.

BOLINGBROKE.

Ma chère tante, levez-vous.

RICHARD II.

LA DUCHESSE.

Ne me dites point de me relever : pardonnez auparavant, & après je me leverai. Ah ! si j'avois été nourrice d'un Roi, les premiers mots que je lui aurois appris à prononcer, seroient, *je pardonne*. Jamais je ne désirai tant qu'aujourd'hui d'entendre ce mot. Roi, dites : *je pardonne*. Que la pitié place ce mot sur vos lèvres. Il n'en est point qui siée mieux dans la bouche des Rois (*6). Je commence à le lire dans vos yeux, achevez de le prononcer : que votre cœur, plus que votre oreille, nous écoute ; que la pitié le touche & le rende sensible à nos plaintes & à nos prières !

BOLINGBROKE.

Ma respectable tante, levez-vous

LA DUCHESSE.

La grace que je vous demande n'est point de me relever, c'est de pardonner.

BOLINGBROKE.

Hé bien, je lui pardonne, comme je veux que le ciel me pardonne.

LA DUCHESSE.

O l'heureuse victoire que remportent les prières !

Et pourtant je ne suis pas encore rassûrée : répétez-le encore (*7) : une seconde fois confirmera la première.

BOLINGBROKE.

Je lui pardonne de tout mon cœur.

LA DUCHESSE.

Vous êtes un Dieu sur la terre.

BOLINGBROKE.

Mais pour notre loyal beau-frère (†), & l'Abbé de Westminster, & tout le reste de cette bande de conspirateurs, — la destruction va fondre sur eux. — Digne oncle, songez à envoyer plusieurs détachemens à Oxford, ou en tout autre lieu où seront ces traîtres : ils ne respireront pas long-tems l'air de ce monde ; & je les atteindrai, si je puis savoir où ils se cachent. Oncle, adieu. Et vous aussi, cousin, adieu. Votre mère a su prier efficacement pour vous : devenez fidèle.

LA DUCHESSE.

Viens, mon coupable fils : je prie le ciel qu'il change ton cœur. (*Ils sortent.*)

(†) Jean, Duc d'Exeter & Comte de Huntingdon, frère propre de Richard II, & qui avoit épousé Elisabeth, sœur de Henri Bolingbroke. *Théobald.*

SCENE X.

SCENE X.

EXTON, *Gouverneur du château de Pomfret*, & UN SERVITEUR.

EXTON.

N'as-tu pas remarqué ce qu'a dit le Roi? *N'ai-je point un ami, qui me délivre de l'inquiétude de le savoir vivant ?*

LE SERVITEUR.

Ce font, en effet, fes propres paroles.

EXTON.

N'ai-je point un ami, a-t-il dit ? Il l'a répété deux fois, & les deux fois d'un ton plein de paſſion. N'eſt-il pas vrai?

LE SERVITEUR.

Il eſt vrai.

EXTON.

Et en difant ces mots, il me regardoit fixement, comme s'il eût voulu dire : *Je voudrois bien que tu fuſſes l'homme qui affranchît mon ame de cette terreur*, voulant fûrement défigner le Roi qui eſt à Pomfret. —Viens, allons-y : je ſuis l'ami du Roi, & je le délivrerai de ſon ennemi. (*Ils ſortent.*)

SCENE XI.

Le Théatre repréſente une priſon, dans la fortereſſe de Pomfret.

LE ROI RICHARD (†).

J'AI long-tems étudié, comment je pourrois comparer cette priſon, où je vis, avec le monde ; mais, comme le monde eſt peuplé d'hommes, & qu'ici il n'y a que moi de créature vivante, je ne puis y réuſſir. — Cependant je veux y rêver encore. Mon imagination ſecondera ma penſée, & il en éclorra une génération d'idées, qui ſe féconderont elles-mêmes, & toutes ces idées peupleront ce petit

---

(†) Ce monologue, où l'état de l'ame humaine, eſt comparé à celui du monde, quoique la penſée y ſoit peut-être trop creuſée, trop travaillée, contient des beautés & des réflexions précieuſes. Il augmente auſſi notre intérêt & notre pitié pour le malheureux Roi qui les fait. *Miſtriſs Griffith.*

monde, qui fera fantafque & bizarre comme les hommes de l'Univers : car il n'eft point d'homme content, ni de penfée qui foit fatisfaite. Les penfées ambitieufes méditent des projets invraifemblables ; c'eft comme fi je voulois, que la pointe de ce foible clou s'ouvrît un paffage à travers les flancs pierreux de ces murs épais de ma prifon ; & comme elles ne peuvent arriver à leur but, elles expirent victimes de leur orgueil. L'homme, dont les penfées cherchent le bonheur, fe flatte lui-même qu'il n'eft pas le premier efclave de la fortune, & qu'il ne fera pas le dernier ; femblable à ces mendians infenfés, qui, affis dans les ceps, fe déguifent leur opprobre fur ce que d'autres, avant eux, s'y font affis, & que bien d'autres encore s'y affeoiront après eux. Et, dans cette penfée, ils trouvent une efpèce de confolation, rejettant leur opprobre fur le dos de ceux qui ont fubi, avant eux, le même fort. C'eft ainfi que, dans la folitude de ma prifon, je me multiplie, & repréfente en moi un peuple entier, dont nul individu n'eft content de fon fort. Quelquefois je fuis Roi, & alors la trahifon me fait fouhaiter d'être un mendiant, & je me fais mendiant. Mais alors l'accablante indigence me perfuade que j'étois mieux quand j'étois Roi : & je remonte fur un trône. Mais bientôt je viens à fonger, que je fuis détrôné par **Bolingbroke**, & qu'en un inftant je ne fuis plus rien. Mais, quoique je fois, ni moi, ni aucun homme, s'il n'eft pas plus qu'un homme, ne fera jamais fatisfait de rien, jufqu'à ce qu'il foit foulagé de tout en ceffant d'être. — Mais qu'entends-je ? D'où viennent ces fons harmonieux ? — Obfervez la mefure. — Que la mufique la plus mélodieufe eft défagréable, dès que la mefure eft rompue, & que les accords font troublés ! C'eft la même chofe dans l'harmonie de la vie humaine. Moi, dont l'oreille eft fi délicate pour fentir la diffonance de cet inftrument défacordé ; je n'ai pas eu un fens pour fentir le défordre qui troubloit mes Etats & ma vie : je perdois le tems, & à préfent, le tems me détruit (* 8). Je marque par mes larmes & mes gémiffemens, les heures & les minutes, qui coulent dans la joie pour l'orgueilleux Bolingbroke, & je fuis comme l'automate (†) du cadran ; par les inftans de ma douleur, je mefure les inftans de fa profpérité. — Cette mufique me rend furieux ; qu'elle ceffe à l'inftant. Si quelquefois elle rappella des hommes fous à leur raifon, il me femble qu'en moi, elle la feroit perdre à l'homme fage. Et ce-

---

(†) *Outward watch*, étoit une figure habillée en Garde de nuit, avec un long bâton & une lanterne. La figure avoit le mot *watch* écrit fur le front, & étoit placée au-deffus de la platine du cadran.

pendant, bénédiction du ciel fur celui qui m'en fait don ! Car c'eft une marque d'amitié ; & de l'amitié pour Richard, eft un tréfor bien rare dans ce monde, où je fuis univerfellement haï !

SCENE XII.

RICHARD *Entre un de fes anciens Serviteurs.*

LE SERVITEUR.

Salut, Royal Prince.

LE ROI (*9).

Qui es-tu ? Et comment es-tu entré ici, où n'entre nul homme vivant, que ce trifte Géolier (†), qui m'apporte ma nourriture pour prolonger la vie du malheur ?

LE SERVITEUR.

J'étois un pauvre valet de tes écuries, Roi, lorfque tu étois Roi. Et voyageant, vers York, j'ai, après beaucoup de peine, obtenu à la fin la permiffion de revoir le vifage de mon ancien Maître & de mon Roi. Oh comme mon cœur a été navré, lorfque j'ai vu dans les rues de Londres, le jour du Cou-

---

(†) *Sad* ; *trifte.* Autrefois il fignifioit *grave* & *févère. Steevens.*

RICHARD II.

ronnement, Bolingbroke, monté fur le beau cheval Barbe, celui-là même que vous avez monté fi fouvent, celui que je panfois tous les jours avec tant de foin!

LE ROI.

Eft-ce qu'il étoit monté fur le cheval Barbe? Dis-moi, mon ami, comment fe gouvernoit-il fous lui?

LE SERVITEUR.

Avec tant de fierté, qu'il fembloit dédaigner la terre.

LE ROI.

Quoi! il eft fi fier de porter Bolingbroke! Et cet animal ingrat mangeoit le pain dans ma main Royale; & il étoit fier, quand il fentoit ma main le careffer! Ne devoit-il pas broncher & renverfer (car l'orgueil doit être précipité tôt ou tard) l'orgueilleux qui avoit ufurpé fur lui la place de fon maître? — Pardonne moi, pauvre animal; j'ai tort de te faire des reproches, à toi, qui as été créé pour être foumis à l'homme, & qui es né pour le porter. Moi, qui étois d'une plus noble efpèce, je porte le fardeau comme une ftupide bête de charge, & me laiffe harceler & enfoncer l'éperon dans les flancs, fous les mouvemens ambitieux du hautain Bolingbroke!

SCENE XIII.

Les mêmes. LE GÉOLIER *entre avec un plat.*

LE GÉOLIER, *au Serviteur.*

Allons, fortez d'ici : vous n'y pouvez pas refter davantage.

LE ROI *au Serviteur.*

Si tu m'aimes, il eft tems que tu te retires.

LE SERVITEUR.

Ce que ma langue ne peut exprimer, mon cœur vous le dit. (*Il fort.*)

LE GÉOLIER.

Seigneur, vous plaît-il de commencer ?

LE ROI.

Goûte ce mets le premier, fuivant ta coutume.

LE GÉOLIER.

Seigneur, je n'ofe : Pierre d'Exton, qui vient d'arriver de la part du Roi, me commande le contraire.

LE ROI.

Aux enfers Henri de Lancaftre & toi! La patience eft ufée, & j'en fuis las! (*Il frappe le Géolier.*)

LE GÉOLIER.

Au fecours, au fecours.

SCENE XIV.

Les mêmes. EXTON, *fuivi d'hommes à fes ordres.*

LE ROI.

Scélérat! (*En arrachant, à un de ces hommes, l'arme qu'il porte.*) (*Le tuant.*) Ta propre main me cède l'inftrument de ta mort.... Et toi, va remplir une autre place dans les enfers. (*Il en tue encore un autre.*) (*Exton le frappe & le renverfe.*) La main facrilége qui me poignarde, brûlera dans des flammes qui ne s'éteindront jamais. — Exton, ta main barbare a fouillé cette terre du fang de fon Roi! Monte, ô mon ame, monte vers les cieux? C'eft-là qu'eft ton féjour; tandis que ce corps matériel tombe, pour mourir ici. (*Il expire dans des flots de fang.*   EXTON.

EXTON.

Il étoit plein de valeur & de fang Royal : j'ai épuifé l'un & l'autre. — Oh, plût au ciel que cette action fût innocente ! Le démon, qui m'avoit dit que je faifois bien, me dit à préfent que cette action eft notée dans les annales de l'enfer. Je veux aller offrir ce Roi mort au Roi vivant. (*Il prend fa tête.*) Qu'on emporte le refte, & qu'on lui donne ici la fépulture. (*Ils fortent.*)

SCENE XV.

Le Théatre repréfente la Cour à Windfor.

Fanfare. BOLINGBROKE *s'avance avec* YORK *& autres Lords. Suite.*

BOLINGBROKE.

Cher York, les dernières nouvelles que nous avons reçues, portent que les rebelles ont brûlé notre ville de Chicefter, dans le Duché de Glocefter.... S'ils font pris ou tués, c'eft ce qu'on ne dit point.

RICHARD II.

SCENE XVI.

Les mêmes ; NORTHUMBERLAND.

BOLINGBROKE.

Vous venez à propos, Milord : quelles nouvelles ?

NORTHUMBERLAND.

Après mes vœux pour la prospérité de votre règne, les nouvelles les plus fraîches sont celles-ci : j'ai envoyé à Londres la tête de Salisbury, de Spencer, de Blunt & de Kent : vous trouverez dans cet écrit tous les détails sur la manière dont ils ont été arrêtés.

(*Il lui présente l'écrit.*)

BOLINGBROKE, *lit.*

Nous te rendons graces, aimable Percy, de tes services, & nous les reconnoîtrons par de justes & dignes récompenses.

SCENE XVII.

Les memes ; FITZWATER.

FITZWATER.

Seigneur, je viens d'envoyer, d'Oxford à Londres, les têtes de Brocas, & de Bennet Seely, deux des plus dangereux traîtres de la conspiration, qui projettoient de vous assassiner à Oxford.

BOLINGBROKE.

Ces services, Fitzwater, ne seront pas oubliés : ton cœur est noble & ton mérite est grand, je le sais.

SCENE XVIII.

Les memes ; PERCY, *amenant* L'ÉVÊQUE DE CARLILLE.

PERCY.

LE chef de la conspiration, l'Abbé de Westminster, accablé de ses remords, & consumé par une noire mélancolie, a cédé fon corps au tombeau. Mais voici l'Evêque de Carlille, vivant, pour recevoir de vous fon arrêt, & fubir le jugement dû à fon orgueil.

BOLINGBROKE.

Carlille, voici ton arrêt. — Choifis quelque afyle plus folitaire, plus retiré que celui que tu occupes; & vis pour en jouir, vis en paix, & meurs libre. Tu fus toujours mon ennemi; mais j'ai reconnu en toi de brillantes étincelles d'honneur.

SCENE XIX.

Les memes. EXTON *paroît, fuivi d'un cercueil.*

EXTON.

GRAND Roi, dans ce cercueil, je vous offre vos craintes enfevelies. Ici gît, fans vie, le plus redoutable de vos ennemis, Richard de Bourdeaux, apporté ici par moi.

BOLINGBROKE.

Exton, je ne te remercie pas. Ta main funefte

a commis une action dont le reproche retombera sur ma tête, & ternira la gloire de ce Royaume.

EXTON.

C'eſt d'après vos propres paroles, Seigneur, que je l'ai fait.

BOLINGBROKE.

Ceux qui ont beſoin du poiſon, n'aiment pas pour cela le poiſon. Et je ne t'aime pas non plus. Je l'ai ſouhaité mort, je l'aime aſſaſſiné; mais je hais l'aſſaſſin. Prends pour ton ſalaire, les remords de ta conſcience; mais n'eſpère de moi ni accueil, ni faveur. Va, comme Caïn, errer dans les ombres de la nuit; & ne montre jamais à la lumière du jour ta tête odieuſe. — Lords, je proteſte que mon ame eſt pleine de triſteſſe, qu'il faille ainſi arroſer de ſang ma Couronne, pour la faire fleurir. Venez gémir avec moi ſur le malheur que je déplore, & qu'à l'inſtant, un deuil général ſoit la parure de notre Cour. — Je veux faire un voyage à la Terre-Sainte (†), pour laver, de ce ſang, ma main coupable. Suivez-moi à pas lents, & honorez mon deuil des marques

---

(†) Il y a ici un anachroniſme de 13 ans. Henri ne conçut le deſſein d'une Croiſade que dans ſa dernière maladie. *Gray.*

du vôtre, en pleurant, avec moi, fur le cercueil d'un Roi enlevé avant le tems (†).

(†) Cette Pièce, comme nous l'avons déja obfervé, paroît une de celles que le Poëte a retouchées ; mais les Ouvrages les mieux travaillés ne font pas toujours les plus heureux. Elle offre de grandes beautés & de belles fcènes : cependant elle n'a pas le feu & la force de quelques autres de fes Pièces.

Le Poëte a profité quelquefois de plufieurs paffages de l'Hiftorien Holingshed; entr'autres, pour le caractère de Car-lille, dont il a extrait tout le difcours de cet Evêque dans la défenfe des droits facrés de la Royauté, & de fon exemption de toute jurifdiction humaine. *Johnfon*.

Fin du cinquième & dernier Acte.

RICHARD II.

PANTOMIME

A suppléer dans la scène du duel, en champ clos, entre Bolingbroke & Mowbray.

Scène IV du premier Acte, page 18.

LE Théâtre représente le champ clos à Coventry, une carrière ou arène préparée, & environnée de barrières. Des loges règnent autour de l'enceinte, remplies de Spectateurs. A l'entrée de la lice est un Amphithéâtre, où sont placés les Juges des armes, revêtus de leurs habits de cérémonies. Le Lord Maréchal, en simarre, debout, une baguette à la main, se promène seul dans la lice. Les Piquets & les Gardes font faction près du camp. Le Peuple, en foule, paroît autour & hors des barrières. Au fonds se voit une galerie, couverte de tapis aux armes d'Angleterre, & élévée pour la Cour.

Le Lord Aumerle se présente à un angle de la carrière : le Lord Maréchal s'avance vers lui.

Page 19, ligne 9. *Les trompettes sonnent.*

Le Roi paroît sur la galerie, suivi de Gaunt, Bushy, Bagot & de toute la Cour. L'assemblée se lève, s'incline & se rassied, après que le Roi est assis.

Au côté gauche de la barrière, s'avance le Duc de Norfolk, armé de pied-en-cap, entre les deux Parrains : deux Ecuyers portent son écu & ses gantelets. Les Parrains & les Ecuyers restent en dehors.

Le Duc de Norfolk frappe seul à la porte du champ. Il porte un panache noir.

RICHARD II.

Page 20, *ligne* 18. *Un appel de trompettes.*

Au côté droit de la barrière, Bolingbroke, l'Appellant, se présente armé de pied en cap, entouré de ses Parrains & d'Ecuyers levant sa bannière. Il porte un panache blanc, & s'arrête dans la place opposée à Mowbray.

Page 22, *ligne* 13.

Bolingbroke monte quelques marches & s'agenouille : le Roi fait un pas vers lui.

Page 26, *ligne* 10.

Le Roi confère avec les Juges (†).

Fautes à corriger, ou autres sens.

PAGE 17, ligne 3, *lisez*, Puisse-t-il rester avec vous autant de consolations, que j'en emporte avec moi !
Ibidem, ligne 17, venir me voir à Plastrie, *lisez* : venir me visiter à Plashie.

(†) Ces détails sur la Pantomime m'ont été communiqués après l'impression de cette Pièce par M. le Comte de Catuelan, qui m'aide quelquefois de ses lumières. Il faut avoir vu jouer les Pièces de Shakespéar à Londres, pour être exact sur ces descriptions. On pourroit en deviner une partie d'imagination, mais on courroit risque aussi de conjecturer à faux.

Page

Page 20, ligne 11, mon Roi & *ma* postérité, *lis.* mon Roi & sa postérité.

Page 24, ligne 14, jeux, *lis.* à un tournoi.

Page 26, ligne. 17, épées citoyennes, *lisez :* épées fraternelles.

Ibid. lig. 20, *après* dormoit, *ajoutez :* comme un enfant dans le berceau.

Page 29, lig. 16, *au lieu de :* jamais ces sombres regards, dont vous vous menacez, ne s'adouciront, *lis.* jamais l'un de vous deux n'envisagera le front de son rival.

Page 30, lig. 18, *après* toi, *ajoutez :* & moi, nous le savons.

Page 34, lig. 4, *après* en quels lieux vous êtes, *ajout.* confiez au papier le secret qui doit s'ignorer ici : qu'il nous apprenne le lieu de votre résidence.

Page 38, ligne 7, *ou*, je ne voudrois pas m'arrêter.

Ibid. lig. 11, *ou*, compte sur tout ce qui est en mon pouvoir. Je suis, &c.

Page 40, lig. 11, hypocrites, *lisez,* froids adieux.

Page 41, lig. 6, quand le tems le rappellera de son exil, il est douteux que, &c.

Ibid. lig. 17, *ou*, son chaperon s'abaissoit.

Ibid. lig. 19, brasseurs, *lisez,* deux bateliers.

Tome VIII.   B b

NOTES

DE RICHARD II.

(1) Il est clair, d'après un passage des Annales de Cambden, qu'il y avoit une ancienne Pièce sur Richard II; mais on ne sait en quelle langue. Gelley Merrick, qui étoit intéressé dans l'étourderie du Comte d'Essex, & qui fut pendu pour cela en 1600, avec le spirituel Cuffe, est accusé entre autres : *Quod exoletam Tragœdiam de tragicâ abdicatione Regis Ricardi II, in pubico Theatro coram conjuratis datâ pecuniâ agi curasset.* »D'avoir, pour de l'argent, fait jouer, sur un Théatre public, » une vieille Tragédie sur la déposition de Richard II «. D'après un passage de Bacon, il paroît qu'elle fut écrite en Anglois, & qu'on donna quarante shelings pour suppléer au vuide de la recette, qu'objectèrent les Comédiens, en disant que sa Pièce étoit vieille, & qu'il n'y viendroit pas beaucoup de monde. *Farmer.*

Cette nouvelle Pièce fut jouée devant les Conjurés, le matin du jour de la révolte.

Malgré cette conjecture, il est certain qu'on ne trouve point d'autre Pièce que celle de Shakespéar sur le régistre des Imprimeurs, & que jamais aucun Catalogue n'en a fait mention. Les Comédiens purent très-bien répondre, que la Pièce étoit vieille, c'est-à-dire, qu'elle n'étoit plus nouvelle, parce qu'ils l'avoient depuis trois ou quatre ans, & que ces Messieurs appellent vieille toute Pièce qui n'a plus la fraîcheur de la nouveauté, & qui ne rapporte plus pleine recette. *Malone.*

(2) Le Roi parle ici au Duc de Lancastre, comme caution

de fon fils. Les Combattans étoient obligés de donner caution de leur comparution, & de leur combat au jour affigné, & de le terminer entre le lever & le coucher du foleil. Le jour du combat, le Connétable ou le Maréchal, faifoit venir devant lui les ôtages ou cautions de l'aggreffeur & du défendeur, pour être préfentés au Roi, & refter comme prifonniers dans l'enceinte des barrières, jufqu'à l'arrivée des deux champions, & l'accompliffement de toutes leurs cérémonies (†). *Gray.*

(3) *Baffulling :* d'où vient *Baffle.* C'eft la plus grande ignominie parmi les Ecoffois : lorfqu'un homme eft dévoué à l'injure publique, ils font fa repréfentation en peinture renverfée, les pieds en haut & fon nom au bas; & alors ils crient, huent, & cornent après lui. *Tollet.* Cela reffemble à nos charivaris.

(4) Les enfans d'Edouard étoient : Edouard de Woodftock, le Prince Noir ; Guillaume de Hatfield, Lionel, Duc de Clarence; Jean de Gaunt, Duc de Lancaftre ; Edouard de Langley, Comte de Cambridge, enfuite Duc d'York ; Guillaume de Windfor, & Thomas de Woodftock, qui fut créé premier Comte de Buckingam, par le Roi Richard, fon neveu, à fon Couronnement, l'an 1377, & enfuite Duc de Glocefter, l'an 1307. *Gray.*

(5) *Caïtiff*, fignifioit originairement, fuivant Johnfon, un prifonnier, enfuite un efclave, de la condition des prifonniers, & enfin un miférable au moral, qui a des fentimens ordinaires à un efclave. Tyrwhit penfe que ce mot n'a jamais fignifié un pri-

---

(†) Cette pratique remonte jufqu'en 448 & finit en Angleterre en 1631 au duel du Lord Rea & du Marquis d'Hamilton.

fonnier, & qu'il eſt dérivé, non du mot *captif*, mais du mot François, *chetif*.

(6) C'eſt une queſtion débattue entre les Ecrivains publiciſtes : ſi un banni peut encore être forcé aux devoirs de Sujet envers l'Etat qui l'a exilé. Cicéron & le Chancelier Clarendon ſont pour l'affirmative ; Hobbes & Puffendorf ſont pour la négative. Shakeſpéar paroît ici être du dernier avis. *Warburton*.

Je préfère l'opinion de Cicéron & de Clarendon. La punition infligée par une loi de notre Patrie, ne peut rompre les liens de la ſoumiſſion politique ou morale que nous lui devons. Socrate, en refuſant s'échaper de ſon injuſte priſon, montra qu'il penſoit que ſon obéiſſance & ſa ſoumiſſion à l'Etat continueroient d'être une obligation pour lui, quoique le décret fût injuſte, & qu'il s'agît de la mort. Dans le tems de l'oſtraciſme, où pluſieurs perſonnages d'un mérite & d'une vertu éminente, furent bannis d'Athènes, nous ne voyons aucuns de ces illuſtres Citoyens parler ou agir jamais, dans leur exil, en hommes perſuadés qu'ils ne devoient plus rien à leur pays, & que tous leurs devoirs étoient annullés. Ariſtide pouſſa ſi loin la ſoumiſſion d'un Sujet, qu'il ſe crut obligé d'écrire ſon nom ſur la coquille d'un Citoyen ignorant, qui l'en requît, & qui vota contre lui. Et Thémiſtocle, quoique banni par une cabale, plutôt que par la juſtice des loix, malgré l'accueil diſtingué qu'il reçut dans les armées de Perſe, préféra d'avaler du poiſon au malheur de marcher contre ſa Patrie. Ce n'eſt pas la Communauté qui bannit un Citoyen, c'eſt la loi, & la loi ne peut pas être un objet de reſſentiment. S'armer contre une Nation, parce qu'une de ſes loix s'eſt appeſantie ſur nous, n'eſt pas plus raiſonnable, ni plus juſte, que de mettre le feu à une forêt, parce qu'on auroit reçu la baſtonnade d'un bâton qui en auroit été coupé. *Miſtriſs Griffith*.

(7) Je ſoupçonne que quelques lignes ſont ici perdues, & que le

RICHARD II. 197

Poëte a commis une erreur dans cette énumération des perfonnes; au refte, nulle copie ne m'autorife à faire un changement, quoique fuivant *Holingshed*, qu'a fuivi en grande partie Shakefpéar, il en faudroit plus d'un. Le Comte d'Arondel fur-tout étoit de l'embarquement. Thomas Arondel, Archevêque de Cantorbery, frère du Comte d'Arondel, qui fut décapité fous ce règne, avoit été bani par le Parlement, & fut depuis, à la prière du Roi Jean, dépofé de fon fiége par le Pape. *Steevens*.

(8) Il eft fans doute dans l'ordre de la Providence certains preffentimens, certains avis fecrets, qui fe font fentir aux hommes, tantôt dans les fonges, tantôt par des impreffions de l'ame inexplicables, & qui préfagent les malheurs de notre vie. En vain la Philofophie raifonne & veut renverfer ce fyftème par cet argument; que fi quelquefois ces preffentimens fe trouvent conformes à l'événement, ils ne fervent jamais qu'à nous rendre malheureux avant le tems. Ce n'en eft pas moins un fait conftant, qu'on ne détruira pas par un vain fyllogifme. Cette objection ne fert qu'à prouver davantage, que c'eft un myftère au-deffus de la pénétration de l'homme. Plus les fecrets de la Providence font inexplicables pour nous, plus ils doivent réveiller l'Athée de fa léthargie, & faire foupçonner du moins aux Déiftes que ce qu'ils appellent la Religion naturelle, n'embraffe pas tout le plan entier de l'économie de Dieu. » Et il y a, dit Hamlet, plus de chofes » dans le ciel & fur la terre, que n'en peut concevoir dans fes » rêves votre vaine Philofophie «. *Miftrifs Griffith*.

(9) Cette comparaifon eft tirée des Récréations Mathématiques. Dans l'Optique on trace une figure, où toutes les règles de la perfpective font renverfées; en forte que fi on la tient dans la même pofition que les peintures deffinées, fuivant les règles de la perfpective, elle ne préfente que confufion. Pour en dif-

tinguer les formes, & les voir sous l'apparence d'objets réguliers, il faut la regarder à contre-sens ; ou, suivant l'expression de Shakespéar, *ey'd awry*. Warburton.

(10) Cette scène, qui est ici la seconde du troisième Acte, étoit placée à la fin du second. Johnson l'a reportée à sa vraie place. Du tems de Shakespéar, dit-il, les scènes étoient écrites sur des pages volantes. La Pièce n'étoit point divisée en Actes. Les deux Editions publiées avant sa mort, ne présentent qu'une suite de scènes depuis le commencement jusqu'à la fin, sans aucune section en Actes, sans que l'action fasse aucune pause. Rien n'étoit donc si facile que les transpositions des scènes.

(11) La Duchesse de Glocester raisonne ici comme une mère tendre, sans songer ni à son Roi ni à l'Etat. Elle montra des sentimens bien plus héroïques, & vraiment Romains, cette femme Ecossoise, l'épouse de Seton, Gouverneur de Berwick. Lorsque cette Ville étoit assiégée par Edouard III, un de ses enfans fut pris prisonnier, & l'autre donné en ôtage, pour garantie que la Ville se rendroit, si elle n'étoit pas secourue dans un terme fixé. Edouard ayant appris que les Ecossois se préparoient à venir au secours des assiégés, pressa Seton de lui rendre la Ville avant le terme convenu, & le menaça, s'il refusoit, de faire pendre ses deux enfans à sa vue. Seton, cruellement embarrassé, se consulta avec sa femme sur le parti qu'il prendroit dans cette alternative. Sa femme lui répondit, qu'on ne pouvoit jamais réparer la perte de l'honneur, & la violation de sa foi ; au lieu qu'ils étoient assez jeunes pour réparer la perte de leurs deux enfans. Le passage Latin de Buchanam est si beau, que je n'ai pu résister au plaisir de le rapporter ici.

» Et si dies nondum advenisset, quo die convenerat, ut oppi-

» dum dederetur, tamen cum Scotorum copias tàm vicinas videret,
» misit fæcialem ad præfectum præsidii; qui denuntiaret, nisi
» oppidum statim dederet, se animadversurum in Thomam ejus
» filium ; frustra præfecto contendente diem deditionis nondum
» venisse, ac fidem datam attestante. Ibi cùm caritas, misericordia,
» metus & officium erga patriam variè animum paternum versarent,
» propiorem terrorem Anglus admovendum ratus, crucem in
» loco, ad quem prospectus ex oppido patebat, erigi jubet ; &
» duos præfecti filios, alterum obsidem, alterum bello captum,
» eò ad suplicium producit. Ad hoc tam miserabile spectaculum
» cùm patris animus fluctuaret, uxor ejus, eademque juvenum
» mater, virilis fortitudinis mulier, variâ oratione eum confir-
» mavit, propositâ ante oculos fide erga Regem, caritate in pa-
» triam, dignitate nobilissimæ familiæ. Liberos alios illis extinc-
» tis superesse, nec dum suam illiusque ætatem aliis gignendis
» præterisse; illos, etiamsi nunc mortem evaserint, brevi tamen,
» vel morte fortuitâ, vel temporis maturitate fato suo functuros,
» & si qua famæ macula in gente Setoniâ inhæserit, eam in omnem
» posteritatem permansuram, ac immerente etiam soboli asper-
» suram infamiam. — Orabat igitur, ne commodum incertum eo
» (si contingat) momentaneum, certâ & perpetuâ redimeret igno-
» miniâ. Hâc oratione cùm viri animum paullò tranquilliorem
» sensisset, ne supplicii fœditatem oculi perferre non possent
» eum in diversam partem, unde conspici nequibat, avertit.
Buchanam Hist. Rer. Scotic. 9. 13. Jo. maj. fol. 99.

RETRANCHEMENS.

Acte premier.

(* 1) Nous prescrivons cette ordonnance, sans être Médecin : une haine profonde fait une incision trop profonde : nos Docteurs disent que la saison n'est pas bonne pour la saignée.

(* 2) Vous avez emprisonné, dans ma bouche, ma langue enfermée par une double enceinte de mes dents & de mes lèvres, & la sotte, stupide, & stérile ignorance est le géolier qui doit me suivre & me garder.

(* 3) Imagine, que tes pas tombent en mesure dans une danse agréable.

Acte II.

(* 1) Comme on fait plus d'attention aux derniers sons d'un concert qui finit : le dernier goût d'une saveur agréable est celui qui a le plus de douceur, & il s'imprime plus dans la mémoire que les sensations précédentes.

(* 2) Les feux trop violens se consument eux-mêmes ! Les pluies douces continuent long-tems, & les soudains orages ne font que passer. Le Cavalier qui d'abord enfonce trop l'aiguillon dans le flanc de sa monture, l'a bientôt fatiguée. L'aliment qu'entasse & dévore la faim, étouffe au lieu de nourrir.

(* 3) Oh ce nom convient bien à mon état. Je suis le vieux *Gaunt* en effet, & (*Gaunt*) maigre à force d'être vieux. (Il faut savoir ici, que Gaunt, en Anglois, signifie maigre, & Gaunt joue sur le mot.) Le chagrin m'a fait garder une longue absti‑
nence ;

nence; & quel est celui qui jeûne long-tems, sans devenir maigre? J'ai veillé long-tems sur le repos de l'Angleterre, & les veilles engendrent la maigreur. Le plaisir, dont se nourrissent quelques pères, j'en fais un jeûne rigoureux. J'entens les regards de mes enfans, & en me faisant jeûner de ce plaisir, tu m'as maigri. Je suis maigre pour le tombeau, maigre comme un tombeau, dont le sein profond n'hérite que d'ossemens.

LE ROI.

Un mourant peut-il jouer ainsi sur l'équivoque de son nom?

GAUNT.

Non, mais l'extrême misère se raille elle-même. Tu cherches à éteindre mon nom avec moi, & je me joue de mon nom, grand Roi, pour te plaire.

LE ROI.

Sied-il donc à un mourant de flatter les vivans?

GAUNT.

Non! mais ce sont les vivans qui flattent les mourans.

LE ROI.

Mais toi, qui es mourant, tu dis que tu me flattes?

GAUNT.

Ah! c'est vous qui êtes mourant, bien plus que moi!

(*4) Nulle cause antérieure n'a produit le chagrin réel que je sens: ce n'est donc pas un chagrin imaginaire, né du sentiment d'un malheur passé. C'est un événement qui est encore dans le sein de l'avenir, j'en suis intimement persuadée.

Tome VIII.   C c

Acte III.

(* 1) Faisons de la poussière nos tablettes, & avec la pluie de nos yeux traçons nos chagrins sur le sein de la terre.

(* 2) Les hommes jugent par les symptômes de l'atmosphère de la disposition & des menaces du tems : vous pourriez, de même, lire dans mes regards tristes & abbatus, que ma langue vous réserve un récit plus funeste encore.

(* 3) Qu'il soit le feu ! moi, je veux être paisible & souple comme l'eau qui cède. Je lui laisse le rôle de la fureur, tandis que je verrai sur la terre mes eaux : sur la terre, & non sur lui.

(* 4) Je vais te donner sujet de précipiter en désordre tes battemens.

(* 5) Car ils marchent déja sur mon cœur, tandis que je respire. Et pourquoi ne marcheroient-ils pas sur ma tête, quand une fois je serai enseveli ?

(* 6) Suscitons une tempête avec nos larmes méprisées : elles & nos soupirs détruiront la moisson de l'été, & ameneront la famine dans cette terre révoltée : ou bien nous ferons-nous un jeu de nos maux, & ferons-nous quelque joli pari sur l'emploi que nous ferons de nos larmes, comme de les faire tomber sur une seule place, jusqu'à ce qu'elles nous aient creusé deux tombeaux dans la terre, & que là, couchés tous deux, on y puisse graver : *Là gissent deux cousins, qui se sont creusé leur tombeau avec leurs larmes.* Ce mal ne feroit-il pas bien?

(* 7) Comme le brillant Phaëton, laissant échapper les rênes de ses chevaux indociles.

(* 8) Dans la basse-cour! oui, basse-cour, où un Roi devient bas. Allons, descendons dans la basse-cour, où des hiboux poussent leurs cris lugubres à la hauteur où devroit s'élever, en chantant, la joyeuse allouette.

(* 9) Je n'ai pas besoin d'augmenter le chagrin que j'ai déja, & il est inutile de me plaindre de la joie que je n'ai point.

(* 10) Mon infortune contre un paquet d'épingles, qu'ils vont parler de l'Etat.

(* 11) Je vais planter une touffe de rue : herbe amère de grace : & , la rue, symbole de regret, sera vue dans peu en ce lieu.

Acte IV.

(* 1) Dieu conserve le Roi ! Personne ne répondra-t-il : *Ainsi soit-il* ? Faut-il que ce soit moi qui sois le Prêtre & le Clerc, qui chante & réponde ? — Allons, répondons donc tout seul : *Ainsi soit-il*. Dieu conserve le Roi ! quoique je ne sois plus le Roi ; & cependant répondons, *Ainsi soit-il*, si le ciel voit encore en moi un Roi.

(* 2) Maintenant cette Couronne d'or ressemble à un puits profond, au dessus duquel sont suspendus deux seaux qui se remplissent l'un par l'autre (†). Le seau vuide danse toujours dans l'air; l'autre est au fond du puits, invisible & plein d'eau. Ce seau qui est au fond & plein de larmes, c'est moi, m'abreuvant de mes chagrins, tandis que vous montez vers le faîte.

(*) Cette comparaison est étrange & peu naturelle. Ce qu'il y a de meilleur, c'est d'avoir désigné l'Usurpateur par le seau vuide. *Johnson.*

BOLINGBROKE.

J'avois cru que vous abdiquiez de bon gré.

RICHARD.

Ma Couronne, oui; mais mes chagrins me restent toujours : vous pouvez déposer mes titres & ma grandeur, mais non pas mes chagrins. J'en suis toujours le Roi.

BOLINGBROKE.

Vous me transmettez une partie de vos inquiétudes, en me donnant votre Couronne.

RICHARD.

Les soins dont vous vous chargez, ne m'ôtent pas les miens. La cause de mes soupirs est la perte des soins auxquels l'habitude m'avoit accoutumé ; & la cause des vôtres, ce sont les soins nouveaux que vous venez de gagner tout récemment. Les inquiétudes que je cède, je les ai toujours après les avoir cédées; elles suivent la Couronne, & cependant elles ne me quittent point.

BOLINGBROKE.

N'est-ce pas de votre gré que vous résignez la Couronne ?

RICHARD.

Oui & non. Oui, car je suis forcé de n'être rien. Non, car c'est à toi que je la résigne.

(* 3) O jour malheureux ! que j'aie vu tant d'hivers, & que je ne sache pas de quel nom m'appeller aujourd'hui ! Oh ! que je fusse un ridicule Roi de nège exposé au soleil de Bolingbroke, pour me fondre moi-même en gouttes d'eau.—Bon Roi.... Grand Roi, & cependant non pas grandement bon.

(*4) Est-ce-là le visage qui a soutenu tant de folie , & qui a été à la fin éclipsé par Bolingbroke ? Que la gloire qui brille sur ce visage est fragile ! (*Il jette contre terre le miroir qui se brise.*) Et ce visage est aussi fragile que sa gloire , car le voilà brisé en mille éclats. Observe , Roi , qui gardes le silence , la moralité de ce jeu. — Avec quelle rapidité mon chagrin a détruit mon visage !

BOLINGBROKE.

L'image de votre chagrin a détruit l'image de votre figure.

RICHARD.

L'image de mon chagrin ? Ah voyons. — Oui , cela est vrai ; mon chagrin est tout entier au dedans de moi , & ces démonstrations extérieures de deuil ne sont que des images de chagrins invisibles qui gonflent en silence mon ame à la torture. C'est-là qu'est la réalité du chagrin ; & je te remercie , Roi , de ta grande bonté; non-seulement tu me donnes sujet de gémir , mais tu m'apprends de quelle manière je dois gémir.

Acte V.

(*1) O toi , place où fut jadis la superbe Troye ! toi , mappemonde d'honneur (tableau de grandeur) ! toi beau séjour , pourquoi faut-il que le chagrin, au trait hideux , soit logé en toi , tandis que le bonheur est devenu l'hôte d'une vile hôtellerie ?

(*2) Oui , les charbons insensibles seront affectés des accens touchans de ta voix plaintive , & par pitié éteindront leurs feux ; quelques-uns pleureront en cendres, d'autres noirciront & prendront une couleur lugubre , au récit de la déposition d'un Roi légitime.

RICHARD II.

LA REINE.

(* 2) Laiffez-moi aller où il va.

RICHARD.

Ainfi tous deux, en pleurant enfemble, nous ne ferons qu'une feule douleur. Pleurez-moi en France, moi je vous pleurerai ici.

(* 3) Allez : mefurez votre chemin par mes larmes ; comme je compterai mes pas par mes foupirs.

LA REINE.

Le plus long chemin verra répandre le plus de larmes.

RICHARD.

J'en verferai deux à chaque pas, fi mon chemin eft le plus court & ma profonde trifteffe en allongera l'efpace. Allons, partons, foyons courts dans les fiançailles de nos douleurs, puifque leur mariage doit durer fi long-tems.

LA REINE.

(* 4) Il ne feroit pas bien à moi de prendre ton cœur pour le garder & le tuer.

(* 5) Notre fcène eft changée, d'un objet ferieux à l'hiftoire de la mendiante & du Roi. (Allufion à un interméde très-connu alors, de la jeune Mendiante & du Roi Cophetua : il y a une ballade fous ce titre. *Steevens.*

(* 6) Le mot eft court ; mais il eft encore plus doux.

YORK, *au Roi.*

Prononcez le mot en François.—Roi, dites, *pardonnnez-moi.*

(C'est une formule d'excuse, en refusant poliment une demande.)

LA DUCHESSE.

Quoi, tu veux enseigner au pardon à détruire le pardon ; cruel époux, tu armes le mot contre le mot. (*Au Roi* !) Prononcez le pardon, comme on le prononce dans notre pays ; nous n'entendons point le volage François.

(* 7) En disant deux fois *pardon*, vous ne pardonnez pas deux fois ; mais vous fortifierez un seul pardon.

(* 8) Les plus pures, même les pensées divines ne sont pas sans quelques doutes, quelques contradictions apparentes : dans l'Evangile, la parole est en opposition avec la parole, par exemple: *Venez, vous qui êtes petits ;* & ensuite, *il est aussi difficile d'entrer dans le Ciel, qu'il l'est pour un cable* (†) *d'entrer dans l'œil d'une aiguille.*

(* 9) Car maintenant le tems a fait de moi l'horloge qui marque les heures. Mes pensées sont les minutes, & avec des soupirs, elles frappent l'heure devant mes yeux, montre extérieure, à laquelle mon doigt, comme l'aiguille d'un cadran, pointe toujours, en essuyant leurs larmes ; & maintenant, Richard, le son qui me dit quelle heure il est, sont de profonds gémissemens, qui frappent sur mon cœur, qui est la cloche. Ainsi, les soupirs, les larmes & les gémissemens marquent les minutes, les intervalles de l'heure ; mais mon tems s'enfuit rapidement dans la joie or-

---

(†) *Camel* n'est pas un chameau, mais un cable de vaisseau. Καμιλος *est funis Nauticus, quo utuntur nautæ ad jaciendas anchoras.* Suidas.

Il n'y a point, dit Mistriss Griffith, de contradiction entre ces deux textes, ils parlent d'objets différens. Les enfans peuvent entrer dans les cieux, quoique les avares n'y entrent pas.

orgueilleuse de Bolingbroke, tandis que je joue ici l'insensé, & je suis son automate d'horloge, qui frappe l'heure pour lui.

RICHARD.

(*10) Je te rends grace, noble Pair! Le meilleur de nous deux ne vaut pas un scheling.

Fin des Notes.

Les neuvième & dixième Volumes contiendront les deux Drames Historiques de Henri IV, première & seconde Partie, les Joyeuses Commères de Windsor, Comédie, &c. & paroîtront au commencement de 1781; ou peut-être même à la fin de cette année.

On trouve chez le même Libraire les Poésies d'Ossian, 2 vol. in-8.°

L'éloge de M. le Maréchal du Muy.

Vue de l'évidence de la Religion.

De l'Imprimerie de VALADE, rue des Noyers.

Contraste insuffisant

NF Z 43-120-14

www.ingramcontent.com/pod-product-compliance
Lightning Source LLC
Chambersburg PA
CBHW071503160426
43196CB00010B/1400